As Mais Belas Orações de Todos os Tempos

Seleção e Tradução de
Rose Marie Muraro e
Frei Raimundo Cintra

As Mais Belas Orações de Todos os Tempos

Prefácio de
ALCEU AMOROSO LIMA

EDITORA PENSAMENTO
São Paulo

O primeiro número à esquerda indica a edição, ou reedição, desta obra. A primeira dezena à direita indica o ano em que esta edição, ou reedição, foi publicada.

Edição	Ano
2-3-4-5-6-7-8-9	02-03-04-05-06

EDITORA PENSAMENTO-CULTRIX LTDA.
Rua Dr. Mário Vicente, 368 — 04270-000 — São Paulo, SP
Fone: 272-1399 — Fax: 272-4770
E-mail: pensamento@cultrix.com.br
http://www.pensamento-cultrix.com.br
que se reserva a propriedade literária desta obra.

Impresso em nossas oficinas gráficas.

Sumário

A Voz de Deus

Alceu Amoroso Lima

A Pedra

Não sei o que tenho...
Mas tenho
dentro de mim alguma coisa de estranho.
Nao sei o que tenho.
Mas tenho dentro de mim alguma coisa que me fala,
Alguma coisa que quer falar, que quer sair, que quer subir.
Não sei o que tenho,
Mas tenho
dentro de mim alguma coisa que é maior que eu mesma,

Pedra no caminho!

A Planta

Não sei o que ouço...
Mas ouço
dentro de mim uma voz que me chama.
Será a voz do Sol?
Será a voz da Luz?
Será a voz do Dia?
Não sei o que ouço...
Mas ouço
dentro de mim uma voz que me chama,
que quer ser ouvida,
que quer ser atendida,
que quer ser seguida.

Uma voz que me chama,
Uma voz que me chama
Não sei para onde,
Não sei para quê.
Uma voz que me chama,
que me chama a mim

planta do caminho!

O Pássaro

Não sei o que sinto...
Mas sinto
Que a terra me foge
Ou que fujo da terra
Que a terra é azul
Mas prefiro o azul do céu.

Não sei o que sinto...
Mas sinto,
que preciso subir,
que preciso voar,
que preciso do espaço infinito!

O que sinto
são as asas que pedem mais azul,
são as asas que pedem mais espaço,
são as asas que pedem mais estrelas.

Não sei o que sinto...
mas sinto que a terra não basta
Não basta para mim,

pássaro do caminho!

O Homem

Não sei o que penso,
Não sei o que quero,
Não sei o que posso!

Mas penso mais que o meu pensamento
Quero mais que o meu querer
Posso mais que o meu poder.
Não sei como penso,
Não sei como quero
Não sei como posso.

Mas sei que alguma coisa em mim
pensa mais do que eu penso.
Que alguma coisa em mim
quer mais do que eu quero
Que alguma coisa em mim
pode mais do que eu posso.
Que será que pensa mais do que eu penso
em mim?
Que será que quer mais do que eu quero
em mim?
Que será que pode mais do que eu posso
em mim?
Em mim, pobre de mim,

homem do caminho?

Uma Criança

Pedra do caminho, você não sabe o que tem?
Planta do caminho, você não sabe o que ouve?
Pássaro do caminho, você não sabe o que sente?
Homem do caminho, você não sabe o que pensa,
nem o que quer,
nem o que pode?

Pois eu sei.

Eu não pergunto o que tenho
Eu não pergunto o que ouço
Eu não pergunto o que sinto
Eu não pergunto o que penso,
o que quero, o que posso.
Eu brinco e tudo tenho,
Eu brinco e tudo ouço,
Eu brinco e tudo sinto

Eu brinco e tudo penso,
Tudo quero, tudo posso.

Eu brinco, e Ele me fala,
Como há de falar a vocês.

Ele

Pedra do caminho,
o que tens em ti sem tu saberes —
sou Eu.

Planta do caminho,
o que ouves em ti
sem tu ouvires
e não sabes quem te fala —
sou Eu.

Pássaro do caminho,
o que sentes em ti
sem tu sentires,
e faz tuas asas pedirem mais o céu que a terra —
sou Eu.

Homem do caminho,
o que pensa em ti mais que tu mesmo.
o que quer em ti mais que tu mesmo,
o que pode em ti mais que tu mesmo, —
sou Eu.

O que a pedra não sabe o que tem
o que a planta não sabe o que ouve
o que o pássaro não sabe o que sente
o que o próprio homem não sabe
nem o que pensa, nem o que quer, nem o que pode

há na terra que o tenha
quem o ouça
quem o sinta
quem o saiba:
são os puros de coração
os pequeninos.

Sede como eles,
pedras,
plantas,
pássaros,
homens —
e Eu estarei convosco
para sempre!

Foi isso o que ouvi dentro de mim ao ler as páginas desse canto universal, que as mãos sábias de um monge e as mãos piedosas de uma mulher, como as que ficaram aos pés da cruz depois de todos, reuniram num ofertório como nunca em nossa língua se ofereceu e só uma vez foi recolhido, num livro que quase todos desconhecem: Alfonso di Nolla — *La preghiera dell'uomo* (traduzido para o francês: *Le Livre d'Or de la Prière*).

Em boa hora o fizeram. Nas páginas que se seguem ouvimos a voz da humanidade voltada para Deus. Não importa o nome que demos ao Inominado. Nenhum nome é capaz de aplicar-se devidamente Àquele que deu a Adão o poder de dar nome às coisas, mas não o de dar nome ao que está acima de todos os nomes. E é por isso que o Silêncio é a maior das orações. E o que há de comum a todas as orações que do fundo das eras mais remotas até os dias de hoje, na era em que o homem começa a deixar a Terra, para peregrinar pelas estrelas, não apenas em pensamento mas de corpo e alma — o que há de comum a todas estas orações é que o homem, por mais que se orgulhe do que sabe e do que pode, no fundo do seu coração e da sua inteligência só alcança o mistério de sua ignorância. E o silêncio é a plenitude de sua palavra.

E quando as criaturas sabem vencer o desespero ou o orgulho dessa ignorância — sejam elas pedra do caminho, planta do caminho, pássaro do caminho ou homem do caminho, pois todas as criaturas estão no caminho entre o Nada e o Tudo — encontram o que está acima de todos os nomes pela via da oração e que lhes ensina o roteiro que as leva a sair da encruzilhada em que se cruzam todos os caminhos.

E o segredo do mistério e a superação da angústia se encontram na pureza do coração, na simplicidade de espírito, na Paz do Amor, pois como o diz a admirável oração do Bhagavad-Gita, assim como o *saber* supera o *fazer*,

"o que supera o fazer e o saber é
o Amor".

É a lição da sabedoria do Oriente, como é a da sabedoria do Ocidente, pela voz de S. Paulo:

Ainda que eu fale todas as línguas
dos homens e dos anjos,
se eu não tiver o amor serei apenas
um bronze que ressoa
um címbalo que retine.

Temos agora
a fé
a esperança
o amor,
mas, dos três, o mais excelente
é o amor.

É isso o que diz a Sabedoria universal, pela voz do que há de mais puro e de mais alto, em todos os homens, do nascente ao poente, do setentrião ao meridiano, do fundo das origens à consumação dos séculos.

Ou então, ao nosso alcance:
uma voz de criança.
Ou então, por momentos,
no fundo de nossos corações!

Lede este livro e vereis que assim é!

1966

Rio de Janeiro

Prefácio

A*s Mais Belas Orações de Todos os Tempos* é uma antologia originada em um curso de História das religiões feito pelo frei dominicano Raimundo Cintra. As orações que ele me apresentou eram um belíssimo material bruto. Transformei-as em poemas. Quando Alceu Amoroso Lima, um dos maiores pensadores brasileiros do século XX, os leu ficou tão impressionado que fez o prefácio em forma poética, e este prefácio se tornou um dos únicos poemas, se não o único que tenha escrito. O livro teve enorme impacto quando foi publicado por José Olympio. O próprio *l'Osservatore Romano*, órgão oficial do Vaticano, admitiu não ter conhecimento de obra de semelhante peso em qualquer outra língua.

Este volume praticamente saiu do mercado quando a Editora José Olympio foi vendida. Em 1994 foi relançado, revisto e ampliado por mim na Editora Rosa dos Tempos, dez anos após o falecimento de Frei Raimundo, e em 2001 sai pela Editora Pensamento, totalmente rediagramado e acrescido de um CD com orações selecionadas e interpretadas por Carlos Vereza.

A grande vida deste livro é um fenômeno único. Através dele pode se perceber como todas as religiões em seus cumes místicos falam a mesma linguagem em todos os tempos: a linguagem da ligação com a totalidade. Isto mostra que este "instinto de totalidade" é, não só básico em nossa espécie, como também um indício pragmático de que possa existir uma realidade além desta que vivemos. E é por isso que esta obra está sendo reeditada sempre.

As Mais Belas Orações de Todos os Tempos pode continuar sendo um *best seller* pelos séculos afora, perene como a espiritualidade de que ele é fruto.

Rose Marie Muraro

Introdução

A religião é um fenômeno sociológico global. Não se pode dissociar o homem total, isolando o homem religioso dos seus aspectos complementares. — *L'Islam*, Bloud & Gay, 1963.

V. Monteil

Em qualquer época e em qualquer lugar da Terra, sob nomes e figuras diversas, o homem, instintivamente, procura Deus. Antropólogos, psicólogos e historiadores das religiões são unânimes em reconhecer este fato primordial. Há mais de cinqüenta anos, já o declarava Max Müller, pioneiro da História Comparada das religiões:

"A civilização não apresenta fenômeno mais largamente espalhado e de maior alcance em suas conseqüências do que a religião. Nos documentos iranianos, nos hieróglifos egípcios, nas inscrições cuneiformes dos caldeus, a religião se afirma, em toda parte, como o fator principal e o mais influente na vida dos indivíduos, das famílias e das nações. Em outras palavras, a História das religiões é a História do homem. Se, pois, perguntássemos: 'Quando começou a religião?', a História deveria responder: 'A religião começou ao mesmo tempo que o homem'" (in *Last Essays*, Londres, 1901).

"Perguntar ao homem por que ele é religioso ou por que é social, é perguntar a razão de ser de sua estrutura física e do que constitui o seu modo de ser." (Van der Leeuw, *A religião em sua essência e suas manifestações*, p. 645.) Ou ainda: "A religião é a mais radical de todas as disposições e capacidades do espírito humano" (Max Scheller).

Neste contexto, a oração se apresenta como a expressão normal da religião. "A oração é o fenômeno central de toda religião, bem como o sinal distintivo da religiosidade pessoal" (F. Heiler, *Das Gebet*, Munique, 1923).

Ora, um estudo fenomenológico da religião verifica que tanto a oração como as diversas outras expressões da religião (mitos, ritos, etc.) se apresentam com características fundamentais, análogas em todos os tempos, no seio de uma infinita variedade de manifestações secundárias.

Para interpretar estes fatos foram formuladas várias teorias, tomadas sucessivamente como explicações cabais do fenômeno religioso:

— o medo e as reações instintivas do homem, em face das forças da Natureza;

— a crença na influência benéfica ou maléfica dos astros, das coisas inanimadas, das plantas e animais;

— o culto dos antepassados, o medo dos espíritos ou das forças ocultas;

— o interesse em obter meios para a subsistência ou alívio para o sofrimento;

— fuga ou evasão em presença da dor ou do peso da existência.

Para outros, a religião é o ópio do povo, adormecendo-o na alienação e no afastamento da construção do mundo por suas próprias forças...

Tudo isso atinge um ou outro aspecto verdadeiro do fenômeno religioso.

De fato, ligada a certos ritos, a oração é utilizada por alguns grupos religiosos como fórmula mágica para captar forças desconhecidas, afastar presságios ou malefícios, modificar o curso dos acontecimentos, dobrar a vontade dos deuses submetendo-a à vontade humana.

Há, porém, outros fatores a considerar. Etnólogos e historiadores, como Rudolf Otto, Van der Leeuw, Joachim Wach, pesquisaram em outras direções. Nas diversas manifestações acima descritas, Mircea Eliade, abrindo novos rumos à História das religiões, vê imagens representativas dos diversos aspectos, da divindade, captados através das realidades materiais por todas as religiões, particularmente as primitivas.

"Todas as religiões possuem hierofanias (manifestações sagradas) diversas. Entre os primitivos, não há adoração ou culto a pedras como pedras, a árvores como árvores, a animais como animais. Esses seres materiais são hierofanias ou manifestações de realidades sagradas. Toda a natureza é susceptível de revelar-se como sacralidade cósmica e o Cosmos, na sua totalidade, pode tornar-se uma hierofania" (*O Sagrado e o Profano*, Lisboa, L. B. L. — 1925).

Assim, "hoje, tanto a psicologia como a História das religiões chegaram à conclusão de que se deve renunciar a qualquer explicação genética da religião, que a queira reduzir a elementos não religiosos no homem. O caráter primitivo e irredutível da religião, como fato social e como experiência individual, aparece cada vez mais em destaque, à medida que percebemos, com maior exatidão, seu enraizamento na natureza humana. Os estudos de antropologia contemporânea fornecem amplo material para formular este problema — *a religião é um fenômeno plenamente humano, irredutível aos outros aspectos da psicologia humana*. Longe de ser um fator secundário dentro das demais atitudes psíquicas, ela se apresenta como o mais primitivo e fundamental da alma humana" (Louis Bouyer, *Le Rite et l'Homme*, Paris, 1962, p. 50).

Sob qualquer hierofania, por mais inferior e distorcida que seja, o que o homem procura é a verdadeira face de Deus. Como o leitor poderá ver no decorrer de todo este livro, desde a idade da pedra até o século XX, o tema central das mais belas orações ou meditações, sob todos os nomes que se lhes dê, é o Criador, Origem e Harmonia do Universo, Solução final de todos os problemas, Pai cheio de bondade e amor, Fonte de misericórdia e de perdão.

A este Deus, o homem, em primeiro lugar, tributa respeito, reverência e adoração, pois em sua presença, "ele tem o sentimento vivo de sua condição de criatura" (Rudolf Otto). Por isso, o louva e exalta. E agradece, proclamando a sua grandeza, as suas perfeições e seus benefícios.

Outros caminhos, desde sempre, levaram o homem a Deus: a busca do Amor, da Verdade e da Beleza. Na procura angustiada dos valores essenciais à sua vida, o homem é levado a ultrapassar as formas fragmentárias e perecíveis com que eles se apresentam. O homem busca, então, avidamente, a Verdade inteira, a Beleza sem defeito, a Pureza total, a Perfeição absoluta.

Por outro lado, em movimento inverso, procurando Deus, o homem procura tudo aquilo que considera parcela de Deus ou parte integrante da fraternidade humana. Seu interesse e seu amor estendem-se, também, às criaturas de Deus e, principalmente, aos homens, seus irmãos, com os quais ele tem o sentimento vivo de comungar na identidade da natureza humana e da filiação divina.

As duas dimensões da religião, a horizontal, que leva o homem ao homem, e a vertical, que leva o homem a Deus, são, ao mesmo tempo, cruz e círculo que envolvem, no mesmo amor, Deus e os homens.

Esta coletânea, que ora é apresentada ao público, detém-se mais longamente sobre a primeira tendência vertical, essencial ao sentimento religioso. Foi adotado, nesta seleção, um critério cronológico e objetivo que nem sempre coincide com preferências subjetivas. A falta de espaço obrigou os selecionadores a se limitarem às orações ou meditações mais características. Julgamos, porém, que aqui se encontram algumas das mais belas expressões da alma humana buscando o Valor Infinito que se acha escondido nos valores precários e múltiplos das criaturas.

Os textos aqui apresentados poderão ser úteis tanto aos que se dedicam ao estudo das religiões comparadas como aos verdadeiros crentes. A problemática levantada, desde Nietzsche até teólogos contemporâneos da Europa e da América a respeito da "morte de Deus", embora não apresente ainda soluções definitivas, estabelece um exame crítico destas diversas expressões históricas da linguagem de fé. As questões por eles levantadas ultrapassam os limites da semântica religiosa para colocar em seu devido lugar o problema da essência mesma da fé. As orações que aqui se encontram nos instruem sobre a relatividade da linguagem e da conceituação humana em face do problema máximo que preocupa a humanidade através dos milênios de sua história.

F. Raimundo Cintra

Orar é uma atitude essencial à alma humana.

Em todos os tempos e em todos os cantos da Terra, os homens se curvaram diante de algo maior que eles mesmos.

A ciência progredirá ilimitadamente. Mas, jamais, enquanto houver um só homem sobre a Terra, deixará de viver em seu coração, nítido e global, o conhecimento de que o mistério do Universo o ultrapassa infinitamente.

E é à harmonia que mantém existindo esse Universo, que ele, o último homem sobre a Terra, dirigirá a sua admiração, o seu sentimento de dependência, a sua oração.

Do homem da pedra ao homem de século vinte, do século cinqüenta, este livro pretende captar os mais belos impulsos da alma humana em direção ao Absoluto.

Povos Primitivos

Os grupos primitivos — ilhas do passado em era espacial — são nossos antepassados vivos. Transportam-nos a 20 ou 30 mil anos antes da nossa era.

Os pigmeus, os esquimós, com suas orações simples e espontâneas, revivem em nossos dias as orações do homem de Neanderthal ou de Cro-Magnon. Os ritos mágicos dos bantos e dos papuas nos permitem reconstituir os rituais de Lascaux ou Altamira, gravados para sempre em suas admiráveis pinturas murais.

E, em pleno século XX, era da ciência e da técnica, é que essas orações adquirem todo o seu esplendor, brotadas que são do próprio fundo do inconsciente coletivo da humanidade, que é o mesmo para o homem da pedra e para os cosmonautas do futuro.

Algonquinos (Califórnia)

Pai, homem de cima,
nós te agradecemos
por nos permitires
viver nesta terra.

Que nossos pensamentos e orações
possam chegar até sua morada, no céu.
Que a fumaça dos nossos cachimbos suba a ti.

Ó Senhor, que reinas
acima das montanhas,
das árvores
e das águas,
nós te agradecemos
por todas as coisas que nos deste:
os frutos,
a caça,
o peixe,
a gordura do urso.
Foste bom para nós,
estamos contentes contigo.
Nós te agradecemos por sermos numerosos
e podermos nos reunir
para te invocar.

Kasti-mumito (Polinésia)

Ó Grande Espírito,
que te achas no azul central,
que moras acima das estrelas,
que nunca morres,
que tens tua casa no sol,
nós te invocamos,
dá-nos a vida,
nós te invocamos,
dá-nos a água de que necessitamos.

Patagões

Ó Fabricante do mundo
Velho de cima!
Que alegria!
Voltou a primavera!
Obrigado, Pai!
Foi-se embora o inverno!

Arafe (África)

Estamos sentados na terra,
temos o coração pequeno.

Invocamos Aquele
que tem compaixão de nós.

Ó Homem Branco de cima,
que habitas no céu luminoso,
dá-nos a paz
e não deixes ficar triste nosso coração.

Lenape (América do Norte)

Dá-nos bom tempo,
pesca abundante,
caça farta.
Por que fechas os olhos diante da neve?
Quer comamos,
bebamos,
olhemos em torno de nós,
vemos que é Ele quem nos dá tudo isso.
Sejam puros nossos pensamentos.
Devemos invocá-lo todos os dias...

Deus é aquele que sentimos em nós
quando praticamos uma boa ação.

PIGMEUS AFRICANOS

Canto a Khivum

O animal nasce, passa, morre.
É o grande frio.
O grande frio da noite,
o escuro.

A ave passa, voa, morre.
É o grande frio.
O grande frio da noite,
o escuro.

O peixe foge, passa, morre.
É o grande frio.
O grande frio da noite,
o escuro.

O homem nasce, come, dorme. E passa.
É o grande frio.
O grande frio da noite,
o escuro.

. . . .

Mas o céu se abre. Os olhos se fecham.
Brilha a estrela.
Embaixo, o frio.
No alto, a luz.

O homem passou.
O prisioneiro está livre.
O homem desapareceu.

A sombra sumiu.
Embaixo, o frio.
No alto, a luz.

Khivum, Khivum,
A ti (vai) o nosso apelo.
Khivum, Khivum,
A ti (vai) o nosso apelo.

ÍNDIOS AYVU RAPYTA (TUPI-GUARANI PARAGUAI)

Coragem

Eis-nos
Novamente aqui,
Verdadeiro Cacique,
Chefe de nossas almas,
buscando a imensidão do valor.

Mostra-nos repetidamente
teu valor de Pai.

Sabemos que teus filhos
são valorosos,
mesmo vivendo entre as coisas más.
Acreditamos
que derramarás sobre nós
as palavras que nos infundirão coragem.

Mostra-nos repetidamente
teu valor de Pai.

Infelizmente,
Verdadeiro Cacique,
sentimos:
nem todos os habitantes
de tua taba terrestre
merecem que inspires valor.
Entretanto,
todos nós que,
claramente,
rejeitamos as inspirações do mal,
suplicamos:

Concede-nos repetidamente
teu valor de Pai.

Esquimós

Sim, eu creio em um ser poderoso que chamamos Hila.
Não podemos, porém, explicá-lo com palavras ordinárias.
Ele é um espírito poderoso,
que guarda o universo,
regula as estações do ano
e mesmo toda a vida do homem.
Ele é tão grande que sua palavra não pode ser ouvida
de maneira ordinária.
Ele fala pelas tempestades,
pelas nevascas,
pelos furacões dos mares,
por todas as forças que intimidam o homem.
Mas ele tem também outra maneira de revelar-se.
Ele se manifesta pelo tempo ensolarado,
pela calma do mar,
ou então pelas crianças inocentes,
que brincam na neve.
As crianças entendem sua voz doce e familiar,
como a voz de uma mulher...
A mãe fala sussurrando, tão amavelmente,
que a criança não tem medo.
Assim fala Hila às crianças.
Voltando para casa, elas falam simplesmente
o que ouviram.
Então o feiticeiro interpreta, para nós,
suas palavras.
Quando tudo vai bem, Hila não fala aos homens.
Ele desaparece no Infinito e permanece escondido,
enquanto os homens respeitam a vida
e não abusam do alimento cotidiano.
Ninguém viu Hila!
Sua morada é misteriosa.
Ele está, ao mesmo tempo,
longe e perto de nós.

GALAS (ÁFRICA)

Oração

Ó Deus da terra,
Senhor que estás acima de mim!

Se a infelicidade me assalta,
se as árvores esconderam o sol,
protege-me!
Senhor, sê minha sombra!
Suplicando-te passo dia e noite.
Quando a lua se levantar,
não me abandones!

Durante o dia, não me deixes sozinho!
Afasta de mim os perigos,
Ó Deus, meu Senhor, sol de tantos raios!
Se o inimigo vier,
não o deixes esmagar teu verme,
afasta-o.

Eu vejo com os meus olhos.
Tu não tens olhos.
Tu vês tudo em ti mesmo.
Tu fazes brotar os cereais
e o esfomeado se enche de alegria.
Senhor, poupa os homens que te invocam!
Como o proprietário da colheita,
liga-me, Senhor!
Tu ligas os que tu amas e desligas os que amas.
Já que me amas, Senhor,
desliga-me, Senhor!
Suplico-te, com todo o meu coração!
Se não grito, com todo o coração, não me ouves.
Mas tu sabes:
um grito sai de meu coração,
ouve-me!

Civilizações Sacrais do Ocidente

As grandes civilizações desaparecidas das Américas — Astecas, Incas, Maias e outras — não deixaram de ser um dos apogeus da raça humana. Prova viva de que o homem, mesmo em regiões ignoradas, "as ilhas longínquas" dos antigos, desde que seja humano, exprime de maneira fundamentalmente análoga o seu sentimento de dependência para com o Ser Supremo.

Sua diferença em relação aos outros povos primitivos é que estes se acham em estado pré-histórico, ao passo que essas civilizações atingiram alto grau de desenvolvimento.

INCAS (PERU)

Grande Hino a Viracocha

A Viracocha,
poder de tudo que existe,
que seja macho
ou fêmea.

Santo, Senhor, Criador da luz
que se levanta.
Quem és?
Onde estás?
Poderei eu ver-te?

No mundo do alto,
no mundo embaixo,
de que lado do mundo
se acha
teu trono poderoso?

No oceano celeste
ou nos mares terrestres,
onde habitas,
Pachacamac, criador dos homens?

Senhor,
teus servidores,
com os olhos manchados,
desejam ver-te...
o sol, a lua,
o dia, a noite,
o verão, o inverno
não são livres.

Eles recebem tuas ordens,
obedecem às tuas instruções.
Eles obedecem
a tudo que foi por ti

determinado...
Onde e para quem enviaste
o cetro brilhante?

E quanto a ti, ó homem,
com a boca alegre
e a língua exultante,
dia e noite,
tu chamarás.

Embora jejuando,
com a voz do rouxinol,
tu cantarás.

E talvez,
para nossa alegria,
e por sorte,
em algum lugar,
o Criador do homem,
o Senhor Todo-Poderoso,
te escutará...

Criador do mundo de cima,
do mundo de baixo,
Vencedor de todas as coisas,
onde estás?
que dizes?

Fala,
vem,
verdadeiro de cima,
verdadeiro de baixo,
Senhor,
modelador de tudo o que existe,
único criador do homem,
dez vezes te adorarei,
com os meus olhos salpicados.

Que esplendor!
Eu me prostrarei diante de ti.
Olha-me,
Senhor,
presta atenção à minha voz.

Prece a Viracocha

Senhor antigo,
Senhor longínquo,
excelentíssimo Senhor,
que criaste e estabeleceste
todas as coisas, dizendo:
"que seja o homem,
que exista a mulher".

Modelador,
Criador que fizeste o homem,
permite que eu possa viver em bravura,
em segurança.

Senhor generoso,
Diligente Senhor,
excelentíssimo Senhor,
multiplica teu povo sobre a terra,
aumenta o número de teus filhos...

Senhor,
feliz,
afortunado,
Senhor vitorioso,
que tens compaixão dos homens,
que demonstras afeição por eles,
faz com que todos que tu criaste,
pobres e infelizes,
...se sirvam.

Vivam estes em paz com seus filhos
e que marchem no caminho reto.
Não lhes suscites tentações,
para que possam viver longos anos,
sem quebra,
sem interrupções,
e possam continuar
a viver
e a comer.

ASTECAS (MÉXICO ANTIGO)

Hino Asteca

A flor de meu coração se abriu.
Eis o Senhor da meia-noite!
Ela veio — nossa mãe — ela veio...
a deusa Tlazolteotl...

Nasceu o Deus do milho,
no paraíso de Tamoancham.
No jardim em que aparecem as flores...
Ele que se chama UMA FLOR...

Nasceu o Deus do milho
no jardim da chuva e da névoa.
Lá onde nascem os filhos dos homens...
Lá onde se pescam os peixes de jade...
Eis o dia!

Surge a aurora!
Os colibris sugam o pólen
no jardim onde desabrocham as flores...

MAIAS (MÉXICO ANTIGO)

Fórmula Mágica

A grande abelha vermelha é a que vem do Oriente
A rosa vermelha é sua taça.
A flor vermelha é sua flor.
A grande abelha branca é a que vem do Norte.
A rosa branca é sua taça.
A flor branca é sua flor.

A grande abelha negra é a que vem do Ocidente.
O lírio negro é sua taça.
A flor negra é sua flor.

A grande abelha amarela é a que vem do Sul.
O lírio amarelo é sua taça.
A flor amarela é sua flor.

Civilizações Sacrais do Oriente

As grandes civilizações do Egito, Babilônia, Pérsia, Índia e China antigas são civilizações essencialmente sacrais.

Nos hieróglifos dos templos e dos mausoléus, nos papiros, escaravelhos e pergaminhos do Egito, nas inscrições cuneiformes da Mesopotâmia, nos documentos escritos em omoplatas de camelos da Síria e da Arábia, o Deus supremo é representado como o Altíssimo, o Transcendente, o Céu ou o Sol de majestade suprema, o Senhor despótico da vida e da morte, mas também como o Pai Carinhoso, o Divino Pastor e o Amigo dos homens. A sua expressão mais alta é o Bhagavad-Gita, o Evangelho dos hindus, que, 500 anos antes de Cristo, alia ao Amor Universal o mais perfeito sentimento de União com Deus.

Todos esses povos do Oriente antigo, conhecidos na História como grandes conquistadores, avassaladores cruéis, passadas as grandes borrascas, nos aparecem profundamente humanos no silêncio e na poeira acumulada pelo tempo. Suas orações exprimem, com submissão e humildade, toda a gama de vicissitudes, incertezas e angústias da fragilidade humana, com acordes que até hoje nos comovem.

Civilizações Sacrais do Oriente

[illegible]

MESOPOTÂMIA

Hino a Sin (2000 a. C.)

Senhor,
Chefe dos Deuses,
Único grande,
na terra como no céu...

Pai,
cuja realeza é perfeita,
Chefe dos Deuses!
Pai,
que caminhas com majestade incomparável.
vigoroso búfalo de chifres possantes,
de estatura admirável.

Fruto que te geras a ti mesmo!
Personagem sublime!
Maravilhoso para se ver!
Ninguém jamais se sacia
de tua plenitude!

Seio materno,
que tudo geraste...
Misericordioso Pai,
cheio de bondade!
Em tuas mãos
está contida a vida
do mundo inteiro...

Senhor,
Senhor,
Tua divindade brilha com glória sublime.
Sublime como o céu,
Vasta como o mar...

Hino a Ishtar (1800 a. C.)

A ti imploro,
soberana das soberanas,
deusa das deusas,
Ishtar,
rainha da totalidade dos homens,
regente dos humanos.

Elevada acima de todos,
dominadora dos espíritos,
tu és forte,
tu és princesa,
teu nome é sublime!

Tu és a luz do céu e da terra,
a filha valente de Sin.
Senhora dos céus,
pastora dos fracos!
Quebrando os grilhões de todos os escravos,
és celebrada,
és elevada,
ó grandiosa Ishtar!

Sem rival, és terrível no combate,
forte na peleja,
tocha contra os inimigos,
destruidora dos poderosos!
Estimulante Ishtar!
Para onde volves teu olhar,
o morto revive,
o doente sara,
o pecador torna-se justo,
vendo tua radiosa face!

Eu te invoco,
suspirando,
gemendo,
chorando,
eu, teu servo.
Olha para mim, soberana.

Recebe o meu clamor,
pronuncia minha libertação!
Liberta meu corpo aflito,
cheio de preocupações e desordens!
Liberta meu coração sofredor,
cheio de lamentações e suspiros!
Liberta meus tristes presságios
da perplexidade e da confusão!
Que teus olhos benevolentes se dirijam a mim
Que teu rosto brilhante olhe para mim com fidelidade.
Faz-me ver com tua luz resplandecente!
Até quando, ó soberana,
os maus estarão contra mim?
Até quando o perseguidor seguirá meus passos?

Estou agitado como as vagas,
que atormentam o vento mau.
Meu coração é levantado para o alto,
como voam os passarinhos.
Estou triste e choro amargamente.
Que fiz eu, meu Deus e minha Deusa?
Liberta-me do teu pecado,
da minha falta,
do meu delito.
Esquece minha maldade,
acolhe minha súplica.
Dirige meus passos com segurança,
a fim de que eu ande gloriosamente entre os homens.
Que a lareira brilhe na escuridão de minha casa.
Soberana, que a minha tocha se acenda!
Que minha força, dispersa, se concentre!
Que meu estábulo seja vasto
e que meus campos sejam férteis!
Até quando permanecerás irada
e tua face virada?
Até quando durará tua cólera contra mim?
Volta teu pescoço para aquele que rejeitaste!
Volta tua face,
para pronunciar uma palavra de misericórdia...

EGITO ANTIGO

Hino a Âmon-Rã (Sol) (1400 a. C.)

Salve, belo Rã de cada dia,
que te levantas pela manhã
e percorres o céu,
sem te fatigares.
Teus raios resplendem
sobre nossas cabeças,
sem que saibamos como.
Nem o ouro brilha tanto
quanto teus raios!
Tu és Ftás,
o modelador das coisas,
o artesão de ti mesmo,
teu próprio criador,
não criado por outro,
único em tua espécie.
Percorres a eternidade,
conduzindo milhões de homens
em teus caminhos...

Quando navegas no céu,
todos os olhares se voltam para ti.
Quando marchas na região tenebrosa,
todos te invocam...
Quando te entregas aos homens, pela manhã,
eles prosperam.
Quando navegas em tua majestade,
o dia passa depressa.
Todos os olhos contemplam
a tua trajetória.
Teu brilho abre os olhos
de todos os animais.

Salve Aton,
disco do dia,
que curas os mortais e os fazes viver!

Grande Falcão,
de penas salpicadas,
que te crias a ti mesmo,
sem ser gerado.

Hórus,
que habitas nas profundezas do céu
e que modelas as criaturas do limo da terra.

Mãe augusta dos deuses Knum e Âmon,
generoso artesão,
infatigável em criar incessantemente.

Pastor que apascentas o rebanho,
seu estábulo e seu alimento...

És calor quando o queres
e o frio também.
Dás aos homens
vida e repouso.
A terra inteira, quando surges,
cada dia,
se prostra em oração,
para te adorar!

Hino a Aton de Akenaton (1370 a. C.)

Levantas-te com esplendor,
Aton vivo,
Senhor da eternidade!
és radioso,
és belo,
és forte.
Grande e extenso é teu amor.
Teus raios brilham
aos olhos de todas as criaturas,
teu semblante se ilumina
para vivificar os corações,
enches a terra com teu amor,

belo senhor,
que foste a origem
de ti mesmo,
que criaste
os homens,
os animais,
as plantas...
Todos vivem
quando te ergues para eles,
pois és mãe e pai
de todas as criaturas.
Todos olham para ti,
quando teus raios iluminam a terra inteira
Todos os corações exultam ao ver-te,
quando te levantas como senhor absoluto.
Mas,
quando vai caindo o horizonte ocidental,
as criaturas se deitam
como mortos
e se cobrem,
até que se renove teu esplendor,
de manhã,
no horizonte oriental.
Seus braços, então,
adoram teu Ka,
vivificas os corações
com tua beleza,
quando brilhas,
toda terra está em festa
e os homens cantam, tocam e dançam.
Com clamores de alegria,
dirigem-se para teu templo.
Tu és Aton,
que vives eternamente.
Criaste o céu longínquo,
para levantar-te dentro dele
e poder tudo contemplar de cima.
Estás sozinho, no alto,
entretanto,
milhões de seres vivem,
embaixo,

por tua causa.
Eles recebem de ti o sopro da vida,
em suas narinas.
Vendo teus raios,
as flores desabrocham
e se embriagam ao ver tua face.
Os pássaros saem de seus ninhos
e suas asas, antes fechadas,
se abrem para te adorar.
Salve,
magnífico,
Aton vivo.
Teus raios amamentam a terra
e fazem germinar a vida!
Fabricas as estações do ano
para abrigar todos os viventes.
Grande Aton,
tiras milhões de formas de ti mesmo!
Inúmeras são tuas obras...
as que aparecem
e as que estão ocultas.
Tu és o único Deus,
que ninguém iguala.

ÍNDIA

A Origem Rigveda (1º milênio a. C.)

Nem o Não-Ser existia então. Nem o Ser.
Não existia espaço, nem o firmamento além dele.

Quem se movia então? E onde? Sob a guarda de quem?
Seria a água insondavelmente profunda?

Não existia a morte. Nem a não-morte.
Não havia nenhum sinal separando a noite e o dia.

Só o Uno respirava por sua própria força,
sem que houvesse Sopro.

Fora disso, nada havia.
Nada, nada.

No começo as trevas estavam escondidas pelas trevas.
Este universo era somente onda indistinta.

Então, pelo poder do Ardor, o Uno surgiu.
Princípio vazio e recoberto de vacuidade.

O Desejo foi seu desenvolvimento inicial.
Desejo que foi a primeira semente da consciência.
Foram os sábios que pesquisaram com a mente dos seus corações
e descobriram a ligação entre o Ser e o Não-Ser.

A corda que os separava estava estendida em transversal:
quem estava embaixo?
quem estava em cima?

Havia doadores de sementes,
havia forças poderosas,
ação livre aqui
e energia lá.

O impulso espontâneo estava embaixo.
O dom de si estava em cima.

Quem poderá saber e anunciar
qual a origem dessa criação secundária?

Os deuses são posteriores ao aparecimento deste mundo.
Quem sabe, pois, de onde ele proveio para o Ser?

De onde nasceu a criação?
É ou não objeto de uma instituição?

Ele,
que fita o mundo alto,
só Ele o sabe...
porventura nem mesmo Ele
o saberia?

Só e Abandonado Estou
Manikavashgar (séc. VIII a. C.)

Só e abandonado
estou,
atormentado por sonhos
e torturado,
como um verme,
sobre o qual passeiam as formigas.

Senhor, não me abandones!

A mim, que devo ter medo
de mim mesmo,
se de ti estiver separado,
assim como dança o peixe miúdo,
no meio do riacho sem água.

Meu Deus, não me abandones!

Senhor,
não desejo riquezas,
nem família,
nem saber.
Se for de tua vontade,
irei
de transmigração
em transmigração...

Deixa,
ao menos,
que eu possa amar-te,
sem esperar recompensa,
com um puro amor,
por amor.

Do Amor Universal

Bhagavad-Gita (séc. I a. C.)

Fala Arjuna:

Servir-te Senhor, como Deus Único, Manifesto,
ou servir-te como o Único, Imanifesto, Eterno e Universal?
Qual o melhor caminho para os fiéis?

Fala Krishna:

Aquele que, com fé firme, adora-me em seu coração,
simplesmente como pode compreender-me,
esse me é querido e santo.

Mas quem me compreende como o Eterno, o Anônimo,
o Imanifesto, o Inconcebível, o Supremo,
não limitado de forma alguma,
o Infinito,
quem me adora desse modo e, contudo, vê a minha presença
em todos os seres
e, praticando o bem,
vive alegremente,
esse acabará por unir-se a mim.

Entretanto, difícil é este caminho
para os que procuram encontrar o Imanifesto
por meio de um amor afetivo.
Difícil é este caminho
para os que vivem ainda em corpo carnal.
Mas quem, de coração puro, se voltar para mim
e em meu nome fizer tudo quanto costuma fazer,
quem renunciar a si mesmo
e dia e noite, firmado em mim,
me servir,
esse será salvo por mim do tempestuoso mar da existência,
desse inconstante mundo do nascer e do morrer,
porque buscou refúgio em mim.

Por isto, volve para Mim teu coração,
apreende-me com toda a tua vontade,
repousa em mim o teu espírito
e encontra em mim a tua felicidade.

Mas,
se não fores capaz de me atingir em tão grande altura,
se tua mente te levar às baixadas,
filho da terra,
por seres fraco demais para esta doação total,
então,
procura seguir o caminho menos árduo do amor afetivo

Se nem deste amor fores capaz,
adora-me com tuas atividades.
Se só a mim dedicares as tuas atividades,
também atingirás a meta da perfeição.

Se mesmo disto fores incapaz,
refugia-te em mim,
renunciando aos frutos do teu trabalho
e serve-me com perfeita humildade.

Verdade é que o *saber* espiritual
é maior que o *fazer* material,
porém,
maior que ambos é o *amor* integral
e isto requer total desapego.

Quem a tudo renuncia por amor
está perto da meta final.

Quem não quer mal a ser algum
e, liberto do ódio e do egoísmo,
é bom para com todas as criaturas,
quem a tudo renuncia por amor
está perto da meta final.

Quem permanece fiel a si mesmo,
no prazer e no sofrimento,

sempre sereno e paciente,
quem tem fé em mim e vontade reta,
quem controla o coração
e mantém a mente fixa em mim,
e se consagra inteiramente a mim,
com reverência e amor,
esse é querido por mim.

Quem a ninguém ofende neste mundo,
nem se sente ofendido por ninguém,
mas paira acima do gozo e da dor,
liberto da cólera e do temor,
esse é querido por mim.

Quem é sereno e equilibrado,
diante do amigo e do inimigo,
imperturbável diante dos elogios e das ofensas,
do calor e do frio,
da alegria e do sofrimento,
livre de toda escravidão,
esse é amado por mim.

Porém

o mais querido de todos
é aquele que me ama acima de tudo,
aquele cuja vida é amor,
a esse amo acima de tudo
e o alimento com o meu amor.

CHINA ANTIGA

As Manifestações do Tao

Laotse (séc. VI a. C.)

Os sinais de grande virtude
partem de Tao.

A coisa que se chama Tao
é ardilosa, esquiva,
esquiva e ardilosa,
embora latentes, dentro dela, estejam formas.
Ardilosa, esquiva,
embora latentes, dento dela, existam objetos.
Funda e escura,
embora latente, dentro dela, esteja a força da vida.
A força da vida,
sendo verdadeira,
latentes, dentro dela, têm que estar as provas.

Desde os dias de antanho até o presente,
suas denominações,
manifestadas em formas,
nunca cessaram,
através das quais nós podemos ver
o Pai de todas as coisas.

Como posso saber a forma do Pai de todas as coisas?
Só através das próprias coisas!

PÉRSIA

Hino a Mazda Ahura

Zaratustra (620-580 a. C.)

Quem traçou o caminho ao sol e às estrelas?
Quem senão tu, por quem a lua cresce e míngua?
Quem fixou embaixo a terra para que não caia?
E colocou em cima o céu das nuvens?
Quem fixou as águas e fez germinar as plantas?
Quem atrelou ao vento e às nuvens os seus corcéis?
Quem é o sábio, o criador do pensamento bom?
Que artista fez a luz e as trevas?
Quem criou o sono e a vigília?
Quem fez a manhã, o meio-dia e a tarde,
para indicar ao homem sensato a sua tarefa?

O mesmo que primeiro encheu de luz
os espaços bem-aventurados
foi quem, pela força de seu pensamento,
criou a justiça,
justiça
que regula a consciência boa dos homens.
Tu os assistes, ó Sábio, pelo teu Espírito,
que agora é idêntico a ti, ó Senhor!

É por teu pensamento, ó Sábio,
que te reconhecemos
como o primeiro e o último!
Como o Pai do bom pensamento,
o incontestável criador da justiça,
o Senhor dos atos da existência...

Judaísmo

O judaísmo, em suas diversas fases, tem os mesmos acordes que as outras civilizações sacrais, mas expressos com maior imaginação, sentimento e riqueza verbal. Exalta o Deus Transcendente, que é vedado ao homem ver ou nomear, mas que é, também, o Deus Libertador do seu povo, o Legislador sábio e justo, o Pai misericordioso, o Rei pacífico, o Bom Pastor.

Libertando-se do imperialismo egípcio, os judeus primitivos aparecem como os precursores de todos os povos subdesenvolvidos em busca de sua libertação. Pode-se notar, posteriormente, uma diminuição da linha sacral para limites mais nacionalistas. É preciso, entretanto, frisar que, na última fase da história bíblica, os profetas, os salmistas e os livros sapienciais retificam esta inflexão, dando às perspectivas messiânicas dimensões amplamente universalistas.

Convertei-vos ao Senhor

Joel e Isaías (sécs. VII e VI a. C.)

Convertei-vos ao Senhor,
de todo o vosso coração.
Com jejuns,
com lágrimas,
com gemidos de luto.
Rasgai os vossos corações e não só as vossas vestes.
Voltai a Iavé, vosso Deus!
Porque ele é misericordioso e compassivo,
lento para a cólera
e rico de graças,
pronto a renunciar ao castigo.

Mas se nos dias de jejum tratais de vossos negócios
e oprimis os vossos operários,
se passais os vossos jejuns na disputa e na contenda,
esmurrando o pobre,
não é jejuando assim que fareis chegar,
lá em cima, a vossa voz.

Porventura é este o jejum que me agrada?
Curvar a cabeça como um junco,
prostrar-se em terra,
sobre o saco e a cinza?
É a isso que chamais jejum?
Um dia agradável a Iavé?

Não sabeis qual é o jejum que me agrada?
Oráculo de Iavé:
é romper as cadeias injustas,
é desatar as cordas do jugo,
é libertar os oprimidos,
é quebrar toda espécie de opressão,
é repartir o pão com os famintos,
é agasalhar os pobres sem abrigo,
é vestir quem estiver nu,
é não se desviar do irmão necessitado.

Então vossa luz despontará como a aurora,
vossas feridas serão cicatrizadas,
vossa justiça aparecerá diante de vós
e a glória de Iavé vos cercará.

Vossa luz brilhará nas trevas
e as sombras serão como o meio-dia.
Iavé será vosso guia
e vos saciará no deserto.

A Nova Aliança
Jeremias (626-586 a. C.)

Eis que chegaram os dias
— Oráculo de Iavé —
em que concluirei com Israel uma nova aliança,
não como a aliança que fiz com seus pais,
no dia em que os tomei pela mão,
para os tirar do país do Egito.

Esta aliança
— minha aliança —
eles a romperam.

Fiz-lhes, então, experimentar meu poder
— Oráculo de Iavé —
eis a aliança que farei agora com Israel:
colocarei minha Lei no fundo de suas entranhas,
escrevê-la-ei em seu coração.

Eu serei seu Deus
e eles serão meu povo.

Não precisarão mais instruir-se mutuamente,
dizendo uns aos outros:
— Aprendei a conhecer Iavé —
pois todos eles me conhecerão,
desde os menores até os maiores
— Oráculo de Iavé —
pois vou perdoar-lhes a iniqüidade
e não mais pensarei em suas ofensas.

O Perdão Divino

Ezequiel (séc. VI a. C.)

A palavra de Iavé me foi dirigida nestes termos:
"Santificarei meu nome profanado pelas nações
e que vós profanastes também no seio delas.
Então as nações saberão que eu sou Iavé.
quando eu fizer brilhar minha santidade
diante de seus olhos,
por causa de vós.

Então vos recolherei dos países estrangeiros,
derramarei sobre vós uma água pura
e sereis purificados de vossas manchas.
De todos os vossos ídolos sereis purificados
e eu vos darei um coração novo.

Colocarei dentro de vós um espírito novo,
arrancarei de vosso peito o coração de pedra
e vos darei um coração de carne.
Colocarei meu espírito em vós
e farei que andeis por meus caminhos...

Sereis meu povo
e eu serei o vosso Deus.

Libertar-vos-ei de vossas impurezas
e só então eu vos recordarei vossas infidelidades...
e terei asco de vós mesmos,
porque cometestes abominações.

Arrependei-vos de vossa iniqüidade,
casa de Israel!"

Iavé, Quinhão da Minha Herança

Salmo 6 (séc. VI a. C.)

Guarda-me, ó Deus, pois em ti me refugio!
Eu disse a Iavé: "Tu és a minha alegria!"

Não subirei aos santuários dos ídolos,
não os invocarei,
nem a eles derramarei
libações de sangue!

Iavé é meu quinhão e minha taça!
És tu que garantes minha herança.
Deu-me a sorte uma porção deliciosa,
Sim,
um tesouro esplêndido a meus olhos!

Bendirei a Iavé, meu conselheiro!
Até de noite minhas entranhas me advertem.
Iavé permanece sempre em meu pensamento.
Ele está à minha direita,
não vacilarei.

Meu coração exulta, minha glória jubila,
Até minha carne repousará em segurança,
Pois não abandonas minha alma no *Sheol*,
Nem deixarás teu fiel ver a corrupção.

Tu me ensinarás o caminho da vida.
Diante de tua face,
Alegrias à saciedade!
Ao teu lado,
Delícias inesgotáveis!

Desejo de Deus
(Salmo 63)

Iavé, tu, meu Deus!
Estou à tua espreita,
minha alma tem sede de ti,
por ti suspira meu ser,
como a terra ressequida,
deseja a água refrescante!
Assim espero ver no santuário
teu poder e tua glória!

Mais vale para mim tua graça
do que minha própria vida!
Quando te louvo, com júbilo,
minha alma se sacia
de reconfortante alimento.
Quando penso em ti, durante a noite,
nas vigílias, sobre meu leito
e medito no amparo que me deste,
à sombra de tuas asas eu me alegro,
minha alma a ti se aconchega
e tua mão direita me protege...
Em Deus sempre me regozijarei,
A Ele dedicarei meus louvores!

Iavé é Meu Pastor
Salmo 22 (séc. VI a. C.)

Iavé é meu pastor, nada me falta.
Ele me conduz por campos verdejantes,
leva-me a águas que refrescam,
reconforta a minha alma.

Guia-me pelas sendas da justiça,
para honra de seu nome.
Ainda que caminhe pelo desfiladeiro escuro,
não temerei mal algum,
pois junto de mim seu bastão e seu cajado
são o meu apoio e o meu consolo.

À minha frente, prepara um banquete.
À vista de meus opressores, unge com óleo
a minha cabeça,
transborda a minha taça.

Acompanhar-me-ão favor e graça,
Todos os dias da minha vida.
Na tenda de Iavé habitarei,
durante toda a minha existência!

Oração do Homem Prudente

Provérbios (séc. VIII a. C.)

Peço-te duas coisas
e não mais recuses enquanto eu viver:
afasta de mim a falsidade e a mentira
e não me dês nem pobreza, nem riqueza.

Dá-me apenas
o pão que me é necessário,
de medo que, saciado, te renegue,
dizendo: "quem é o Senhor?"

ou que, esfomeado, eu roube
e profane o nome do Senhor.

Hino à Sabedoria

Sabedoria (séc. I a. C.)

Tudo regulaste,
com número, peso e medida,
pois teu grande poder está sempre a teu serviço.
O mundo inteiro está diante de ti,
como um grão de pó,
como o orvalho da manhã,
que desce ao solo.
Tens compaixão de todos,
fechas teus olhos sobre os pecados dos homens,
para que se arrependam.
Sim,
amas a todos os seres,
não odeias nada do que fizeste,
se o detestasses não o terias feito.

Como subsistiria algo sem que tu o quisesses?
Como conservaria a existência, se não o chamasses?
Mas poupas a todos,
porque todos te pertencem.

Tu, que és amigo das almas,
teu sopro imperecível está em tudo.
Castigas moderadamente os que se desviam,
tu os repreendes e avisas
para que se afastem do mal
e creiam em ti, Senhor.
Tua sabedoria é um Espírito que ama os homens,
investiga suas entranhas,
escruta seu coração.

Hino de Louvor
(Amidá, rezado nas Sinagogas)

Louvado sejas Tu, ó Senhor, nosso Deus e Deus dos nossos pais.
Deus de Abraão, Deus de Isaac, Deus de Jacó,
grande, poderoso, venerado Deus, supremo.

Concedeste a misericórdia com uma grande generosidade.
Não te esqueceste das ações dos nossos pais,
Enviarás o resgate para os filhos dos seus filhos,
por causa do teu amor e pelo amor de tua glória.

Tu és o Rei que ajuda, que salva e protege.
Louvado sejas tu, ó Senhor, Escudo de Abraão.

O teu poder, ó Senhor, é eterno;

Sustentas os vivos com misericórdia;
com grande bondade dás nova vida aos mortos.
Ajudas os abatidos, curas os doentes, libertas os cativos;

Confias naqueles que dormem sobre o pó.
Quem se pode comparar ao teu poder, ó Senhor e Rei?
Tu és o Senhor da vida, da morte e da salvação.

Generosamente, deste inteligência ao homem;
ensinaste-lhe a sabedoria e a compreensão.
Dá-nos sempre a sabedoria, o conhecimento e a inteligência.
Louvado sejas tu, generoso Senhor.

Salva-nos das nossas angústias e liberta-nos;
dá-nos uma rápida redenção,
pois Tu és o poderoso Redentor.
Louvado sejas tu, ó Senhor, Redentor de Israel.

Cura-nos, ó Senhor, e ficaremos curados;
ajuda-nos e salva-nos, pois em ti está a nossa glória.

Oração na Câmara de Gás de Buchenwald

Schwartz-Bart — O Último Justo

"Quando as camadas de gás cobriram tudo houve um silêncio na sala, um silêncio que durou talvez um minuto, entrecortado apenas pela tosse e os soluços dos que já estavam moribundos e impossibilitados de oferecer uma oração. E, primeiramente um riacho, depois uma cascata e, logo, uma irresistível e majestática torrente: o poema que, através do fumo das fogueiras e sobre todos os martírios da história dos judeus, o velho poema de amor que eles traçaram em letras de sangue sobre a superfície da terra fez-se ouvir naquela câmara de gás, envolvendo-a, vencendo aquela horrível e sombria tosse: 'SHEMA YISRAEL'... 'Escuta, ó Israel, o Senhor é o nosso Deus, o Senhor é Um. Ó Senhor, por vossa graça alimentais os vivos e por vossa grande piedade ressuscitais os mortos, defendeis os fracos, curais os doentes, quebrais as correntes dos escravos. E, fielmente, sempre cumpristes as vossas promessas para com aqueles que dormem sobre a poeira. Quem é como vós, ó misericordioso Pai, e quem poderia jamais ser como vós...?'

"As vozes morreram uma por uma em meio ao poema ainda por terminar. As crianças moribundas cravaram as unhas nas pernas de Ernie e o abraço de Golda tornou-se mais fraco, os seus beijos menos intensos, e, ainda presa ao pescoço do seu amado, soltou um último suspiro: 'Então nunca mais te verei? Nunca mais...?'

"...Assim, esta história não terminará. Pois a fumaça que se ergue dos crematórios obedece, como qualquer outra, as leis físicas: as partículas juntam-se e dispersam-se segundo o vento que as faz girar. A peregrinação seria olhar com tristeza para um tempestuoso céu, uma vez por outra.

" '...e louvado. Auschwitz: Seja. Maidanek: O Senhor. Treblinka: E louvado. Buchenwald: Seja. Mauthausen: O Senhor. Belzec: E louvado. Sobibor: Seja. Chelmno: O Senhor. Ponary: E louvado. Theresienstadt: Seja. Varsóvia: O Senhor. Vilna: E louvado. Skarzysko: Seja. Bergen-Belsen: O Senhor. Janov: E louvado. Dora: Seja. Neuengamme: O Senhor. Pustkow: E louvado...'"

Islamismo

Assim como os judeus se ligam a Abraão por Israel, os muçulmanos ligam-se também ao grande Patriarca por Ismael. Embora posteriores aos gregos e romanos e ao aparecimento do cristianismo, os muçulmanos conservam maiores ligações com o judaísmo.

Islame quer dizer abandono a Deus. O Corão e os poetas árabes, revivendo os temas do Antigo Testamento e das antigas tradições monoteístas semitas, cantam com grande lirismo o Deus Transcendente, ao qual o *sufi* se entrega com abandono total e a quem quer também levar os seus irmãos, praticando a caridade.

Sufi — o pobre — é elemento essencial a todas as manifestações religiosas da humanidade. Seus relativos, o derviche (persa), o iogue (hindu), ou o monge cristão, até hoje, formam as brancas fileiras daqueles que entregaram inteiramente suas vidas à procura do Absoluto.

Versículo da Luz

Maomé (571-632)

Deus é a luz dos céus e da terra.
Sua luz é como um nicho onde se acha uma lâmpada.
A lâmpada está contida num vaso transparente.
E este é como um astro brilhante.
Seu óleo provém de uma oliveira abençoada,
Que não vem nem do Oriente, nem do Ocidente.
Ela se acende com o contato de fogo.

Luz sobre a Luz.

Deus guia quem Ele quer
para a Sua luz.

Ele se exprime em símbolos
para os homens.
Ele mesmo é onisciente...

O homem que for fiel à oração,
pela manhã,
depois da morte,
não esperará o dia seguinte
para entrar no Paraíso.

Súplica

Dhu'l-Nun, o Egípcio (860)

Nunca é longo demais o caminho
para se chegar ao encontro do Amigo,
nem pequeno demais o lugar
onde Ele se encontra.

Se os homens generosos tomam o caminho
para chegar junto a ti,
e te pedem, com insistência,
os estados espirituais,
um após outro...

Nós, ao contrário,
deixamos os cavalos de viagem,
na etapa do total abandono
à tua vontade,
e renunciamos à viagem
em que sempre paramos
e partimos de novo...

Ajoelhamos as montarias
diante da soleira de tua casa,
ó meu Deus!
e nossos interesses
te confiamos todos,
totalmente...

Governa, pois,
como for do teu agrado;
não nos deixes ir
ao sabor de nossas previsões,
ó Deus de majestade!

Paciência
(Anônimo)

Sê constante na procura
do Bem-Amado:
uma longa paciência
reserva-te o mel da vitória.
Perseverante, ficarás
diante da porta
daquele que tem o poder
de cumular-te de dons:
é assim que verás realizada,
num dia próximo,
tua esperança.

Para colheres o seu agrado
no amor,
não hesites em deitar a face

sobre a soleira de sua porta
e aceita as provações
que Ele te impôs.

Só triunfa pela união
com o Bem-Amado
aquele cujos rins suportaram
o pesado fardo do desejo
e do êxtase.

E é pela manhã, ao nascer do dia,
que devemos invocar um tal amigo.
Levanta-te, pois!
Mostra que és um homem
tomando a iniciativa
da busca do amor,
para obteres um encontro
que já é teu.

Al Halladj
(† 922, em Bagdá)

Ó tudo de meu todo!

Eis-me, eis-me, ó meu segredo,
ó minha confidência!
Eu te chamo?...Não. És tu que me chamas para ti!

Ó essência da essência de minha existência,

tu que me fazes falar e que és meus enunciados,

tu, ó bater de minhas pálpebras!

Ó tudo de meu todo,
meu ouvido, minha vista.
Ó minha totalidade,
tudo de todas as coisas, equívoco, enigma!

É o todo de teu tudo que eu obscureço
querendo exprimir-te!

Ó tudo,
ao qual meu espírito já estava suspenso,
morrendo de êxtase.
Ah! Permanece seu penhor em minha desolação.
Ó supremo objeto que eu peço e espero,
Ó meu hóspede!

Ó alimento de meu espírito,
minha vida neste mundo e no outro!

Que meu coração seja teu resgate e tua presa!
Ó meu ouvido, minha vista!

Por que tanta delonga,
em tão longo afastamento?

Oh, embora te escondas no invisível,
a meus olhos,
Meu coração já te contempla
no afastamento de meu exílio!

O Vinho Místico

Omar, Filho de Al-Farid (1181-1234)

Um vinho bebemos
em memória do amado,
antes que a vinha existisse
e embriagados ficamos.

A taça que o contém
é o disco brilhante da lua,
e o vinho é sol,
Um crescente luminoso,
o escanção,
o apresenta ao redor.
Com que fulgor resplandece
o vinho
quando a ele se misturam estrelas!

Sem o perfume que exala,
precioso perfume de almíscar,
jamais eu teria encontrado
o caminho da verdade
que conduz às suas tascas.
Sem a luz,
que, de longe, lhe assinala a presença,
jamais sua imagem
teria nascido em minha mente.

Pois, neste mundo,
dele ficou apenas
um leve sopro.
Como se um pacto secreto,
no fundo dos corações,
selasse a sua lembrança.

Mas logo que seu nome
é mencionado na tribo,
uma embriaguez
toma conta de seu povo,
— uma pura embriaguez —
— sem pecado —

De entre os flancos de uma ânfora,
lentamente ele subiu
e, num instante, só seu nome
permanece
para guardar sua lembrança.

E quando um dia ela chega
ao espírito de alguém,
logo nele a alegria
estabelece morada.
E a tristeza a montaria prepara
para fazer longa viagem.

Se os convivas descobrem
o selo que fecha os vasos
que o contém,
essa visão é o bastante:
embriagados ficam,
antes mesmo de provar dessa bebida.

Se da taça
escorre uma gota
e cai sobre a palma da mão
de quem segura,
este nunca mais se perderá
ao caminhar nas trevas,
pois em sua mão resplandece
uma estrela.

O vinho educa os convivas
e por ele o homem indeciso
se mantém no caminho
de firmes resoluções.

A generosidade suscita
na alma daquele
cuja mão sempre ignorou
o dom.

Em plena cólera,
ele ensina a doçura
a quem jamais
a conheceu.

Se ao mais tolo da tribo
o favor se concede
de beijar, por fora,
a taça,
só esse beijo
lhe permite adquirir
de suas perfeições
o sentido.

Dizem-me: descreve-o,
já que conheces tão bem
suas qualidades.
Sim, o descreverei,
pois que suas perfeições
conheço,
profundamente.

Limpidez!
mas não é água.
Sutileza!
mas não é o ar.
Claridade!
mas não é fogo.
Alma carnal,
sem um corpo de carne.

Suas palavras precedem
tudo o que existe cá embaixo,
quando neste mundo não havia
forma ou imagem.

Por ele todas as coisas
foram constituídas;
depois, elas se velaram
por causa de certa sabedoria,
aos olhos daqueles
que não podem compreender.

Minha alma o amou
perdidamente.
Ele e ela se mesclaram
para se unir,
não como matéria
que à outra
se mistura.

Antes dele, não há antes;
depois dele, não há depois.
Anterior a todos os tempos,
eis sua condição necessária.

Seu tempo precedeu
o extremo limite do tempo.
A época de nosso pai
só veio depois da sua.
Muito depois dele, viveu nosso pai,
como um órfão.

Disseram-me alguns:
Bebendo desse vinho
cometeste iniqüidade!
Não é verdade,
Pois o mal cometeria
privando-me de o beber!

Que essa bebida alegre os corações
dos que vivem no mosteiro!
A que embriaguez se entregaram!
E, no entanto,
não beberam,
mas somente
alimentaram sua intenção de fazê-lo.

Essa embriaguez eu a tive
antes da puberdade.
E em mim ficará para sempre,
mesmo quando meus ossos
forem pó.

Bebe puro esse vinho,
pois, querendo misturá-lo
a qualquer outro licor,
se não for a saliva do Amado,
aí, então, és criminoso!
Ele te espera nas tascas,
descobre seu esplendor.
Toma-o ao som das músicas,
pois, com ele,
a música é como presa
que se entrega.

Ó embriaguez de uma hora!
Ó tempo se tornou teu escravo,
sempre submisso.
Mesmo se tua vida parasse,
ao cabo desse momento,
a ti o poder!

Aquele que viveu sem essa embriaguez
neste mundo,
certamente, não viveu!
Aquele que dela não morre,
não teve coragem neste mundo
onde passou a sua vida.
Que chore, pois, sobre si mesmo,
aquele que abriu mão de seu direito
— por toda a vida —
o direito de experimentar desse vinho,
— a parte que rejeitou —

Gregos e Romanos

Os gregos e romanos vêm trazer uma nova dimensão humanista às antigas religiões orientais. Apesar de um politeísmo desenfreado, os gregos conservam reminiscências do monoteísmo ariano, mas, dominados pela rigidez da fatalidade (Moirá — Heimarmené), refugiam-se nas formas mais pessoais e mais íntimas dos mistérios esotéricos, de origem egípcia ou oriental.

Os romanos, ao contrário, operam um curioso sincretismo entre a superstição etrusca formalista e o politeísmo grego, atenuando a rigidez de uma corrente e a puerilidade de outra pela extensão dada ao culto familiar (deuses-lares) e às religiões de mistérios.

GRÉCIA

Invocações a Zeus

I — Homero (séc. VIII a. C.)

Zeus,
rei soberano,
pai dos deuses e dos homens,
um sinal apenas de sua fronte
basta para sacudir o Universo!
És justo e poderoso,
punes implacavelmente os maus,
fulminas os orgulhosos,
recompensas os bons e os humildes.

II — Hesíodo (séc. VIII a. C.)

Zeus,
pai eterno,
por quem existem os mortais,
grandes ou pequenos,
ilustres ou desconhecidos.
Segundo tua vontade,
dás ou retiras a força,
apagas a glória dos orgulhosos,
retiras da obscuridade os humildes,
endireitas os caminhos tortuosos,
fulminas os soberbos.
Tu,
que trovejas do alto dos céus,
sentado no palácio das regiões superiores,
inspira-me a justiça e a verdade.

III — Ésquilo (séc. V a. C.)

Zeus assim o chamo,
quando ele o permite.

Ele é o deus desconhecido,
não nomeado.
Se se puser tudo na balança,
nada pesa mais do que Zeus.
Zeus é o ar,
Zeus é a terra,
Zeus é o mundo
e tudo mais é Zeus!

IV — Cleanto (séc. III a. C.)

Ó Zeus,
o mais glorioso dos imortais,
que invocamos debaixo de mil nomes!
Senhor da natureza, que governas por tua lei.
Salve! Os mortais podem invocar-te!
Por ti nascemos e entre todos os viventes
somos os únicos que herdamos tua palavra.
Com ela celebraremos continuamente o teu poder.
É a ti que obedece o universo que gira em torno da terra.
De bom grado submete-se a ti,
onde quer que o conduzas,
tão temível é o instrumento que trazes eu tuas mãos
— o raio de duas pontas, inflamado e eterno! —
Por meio dele, reges a razão universal,
que circula através de todas as coisas,
misturada aos grandes e aos pequenos astros.
Graças a ele tu te tornaste grande,
tu, o soberano dos tempos!
Sem ti, nada se faz sobre a terra,
nem no éter divino,
nem no mar,
salvo o que tramam os mares em sua demência.
Mas sabes trazer os extremos à sua justa medida,
regular o desordenado,
reconciliar os inimigos
e harmonizar todas as coisas...
Zeus,
benfeitor universal,
salva os homens da ignorância funesta.

Pai,
afasta deles a maldade,
fá-los atingir o pensamento que te guia
e que tudo governa
com justiça.

A Fisionomia de Deus
Xenófanes de Cólofon (séc. VI a. C.)

Existe um só Deus,
maior do que todos os deuses e os homens.
Ele não se parece com o homem
nem pela forma exterior,
nem pelo pensamento.
Todo ele vê,
Todo ele pensa.
Todo ele ouve,
mas sem esforço e sem tormenta.
Ele governa todas as coisas
pela força de seu espírito.
Ele mora sempre no mesmo lugar,
sem se mover.
Não lhe convém deslocar-se
para lá e para cá.

Homero e Hesíodo atribuíram aos deuses coisas que, entre os homens, são objeto de opróbrio e de vergonha: roubo, adultério, trapaças recíprocas.

Atribuíram aos deuses muitos atos contrários à lei.

Mas os mortais pensam que os deuses foram gerados como eles, que têm vestes, voz e formas semelhantes às suas.

Sim, se os bois, os cavalos e os leões tivessem mãos e com elas pudessem pintar e fazer esculturas, como os homens, pintariam ou esculpiriam os deuses com suas formas próprias de animais. Os etíopes representam seus deuses negros, com nariz chato. Os habitantes da Trácia, com olhos azuis e cabelos louros.

Ninguém jamais teve um conhecimento certo dos deuses.

Todos, porém podem ter suas fantasias!

E a água pinga em certas cavernas...

Se Deus não tivesse criado o favo de mel, os homens achariam os figos muito mais doces do que são.

A Revelação do Belo

Platão (427-347 a. C.)

"Sócrates, então, tomou a palavra e disse:

'Ouvi o discurso a respeito do Amor, que ouvi certo dia, de uma sacerdotisa, Diótima, a forasteira de Mantinéia, muito versada neste assunto, como em muitos outros'":

O Amor é um demônio,
divindade intermediária entre os deuses e os homens,
filho de Expediente e de Pobreza,
nascido no mesmo dia em que nasceu Afrodite.
Ele é, ao mesmo tempo, belo e pobre,
arguto e audacioso,
de sua mãe herdou a instabilidade,
de seu pai herdou a coragem.
É caçador ardiloso, cheio de expedientes,
é filósofo e sofista,
mágico e feiticeiro,
nunca está nem na penúria, nem na opulência.
Esta sempre entre a ciência e a ignorância,
passa sua vida a filosofar,
procura sempre o que é bom e belo,
está à cata da felicidade.
Sua maneira de agir é gerar na beleza,
segundo o corpo e segundo a alma,
gerando corpos na harmonia e na beleza,
procurando ansiosamente a beleza da alma.
O objeto de sua procura é a posse perpétua do que é bom.
Não quer prolongar-se somente em uma existência perecível.
O Amor tende à imortalidade,
busca a incessante renovação.
Quando procura a glória,
quer a eternidade imperecível.

Quando busca a felicidade,
quer a totalidade no tempo e no espaço.
Nesta vida,
alcança a felicidade por degraus,
passando dos bens inferiores aos bens superiores.
Seu termo é a revelação do Belo.
Quando tiver contemplado as belas coisas,
umas após outras,
seguindo sua ordem exata,
subitamente,
se achará diante da beleza suprema!
Beleza de natureza extraordinária,
razão de ser de todos os esforços que tentou até então!
Beleza que, em primeiro lugar, é eterna,
que ignora a geração e a destruição,
o aumento e o decréscimo.
Que não é bela em uma parte e feia em outra,
bela aos olhos de alguns e feia para outros,
já que não se apresenta como as outras belezas corporais,
com um rosto,
com mãos,
com um corpo,
nem como um discurso ou um conhecimento,
nem encarnada em um ser determinado,
que exista no céu
ou na terra.
Devemos representá-la como existindo em si mesma,
eternamente unida na unidade de sua forma,
unidade rica e indivisível,
ao passo que as outras belezas dela participam.
Não a atingem as vicissitudes por que passam estas belezas...
A partir das belezas desse mundo,
como por degraus,
passando dos belos corpos às belas ações,
das belas ações às belas ciências,
chega-se, finalmente, ao conhecimento desta Beleza,
chega-se à posse da realidade bela por si mesma.
Eis o termo da vida humana.
Para atingir este ponto vale a pena ter vivido!
Chegar à contemplação da Beleza em si mesma,

Beleza que te transportará mais do que qualquer outra,
beleza pura,
sem escória,
sem mistura,
o belo divino,
na unidade de sua forma!
Ao contemplá-la o homem torna-se capaz de gerar
não somente imagens de virtude,
mas o bem verdadeiro!
O homem torna-se caro aos deuses
e atinge a imortalidade!

A Providência Divina
Epicteto (séc. II)

Se é verdade que há um parentesco entre Deus e os homens, devemos imitar a Sócrates, que aconselhava nunca responder a quem perguntasse qual era seu país de origem: "Eu sou cidadão de Atenas ou de Corinto"; mas: "Eu sou cidadão do mundo." Por que, de fato, proclamar-se ateniense e não simplesmente originário do pequeno canto da terra em que pobre foi lançado ao nascer? Na realidade, teu nome tem uma origem mais grandiosa, que se prende não a este ou àquele rincão da terra, mas a algo mais importante, que é a pátria de teus antepassados.

Quando se avalia a organização do universo e se compreende que de todas as coisas a principal, a mais importante, a mais universal é o conjunto que inclui Deus e os homens e de que procedem as sementes produtoras e tudo o que sobre a terra tem vida e crescimento, especialmente os seres racionais que, por natureza, participam da sociedade divina, por meio da razão, por que não se poderia denominar: cidadão do mundo? E por que não filhos de Deus? E se isto é verdade, por que temer as vicissitudes humanas? Se o parentesco com César ou com algum potentado de Roma basta para permitir a alguém viver com segurança, acima de todo o desprezo e de todo o medo, não bastaria para nos libertar de todo aborrecimento e de todo terror o fato de ter Deus por criador, por protetor e por Pai?

A Providência divina rege a natureza e os homens. Que discurso seria capaz de louvar condignamente os benefícios de Deus para conosco? Se fôssemos inteligentes, não deveríamos fazer outra coisa, em público ou em particular, que cantar a Divindade, exaltá-la e enumerar suas dádivas. Trabalhando, lavrando a terra ou comendo, deveríamos cantar hinos de louvor a Deus...

Visto, porém, que a maioria dos homens é cega, é necessário que alguém se encarregue de cantar este hino de louvor. Que poderei fazer eu, velho estropiado, senão cantar a Deus? Se eu fosse rouxinol, cantaria como o rouxinol... Mas se sou um ser racional, devo cantar a Deus. Esta é minha tarefa. Se a não realizasse, eu abandonaria meu posto. Eis por que vos exorto a entoar o mesmo canto.

ROMA

Pensamentos sobre a Oração

Marco Aurélio (121-180)

Oração dos Atenienses: "Faz chover, ó bom Júpiter, faz chover sobre as terras plantadas e sobre as planícies da Ática."

Podemos comentar:

"Ou não se deve rezar ou é preciso rezar assim, com simplicidade e com um coração generoso..."

De fato, ou os deuses não têm poder algum ou eles são todo-poderosos. Se eles nada podem fazer, por que dirigir-lhes orações? Mas se são onipotentes, por que não lhes pedes que te concedam o favor de não experimentar nem medo, nem desejo, nem sofrimento, aconteça o que acontecer, ao invés de pedir-lhes que se realize isto de preferência àquilo? Pois, se os deuses podem socorrer os homens, eles podem muito bem conceder-te este favor.

Talvez dirás: graças aos deuses, eu domino meus sentimentos. Se assim for, não seria melhor dispor do que depende de ti e conservar tua liberdade, ao invés de deixar-te atormentar pelo que está fora de teu alcance e te sujeita a uma baixa servidão? Mas quem te disse que os deuses não vêm auxiliar-nos mesmo no que depende de nós? Começa a implorar o socorro deles, especialmente para esse fim, e verás."

ALEXANDRIA

Quem é Deus

Hermes Trismegisto (séc. III)

Deus não é intelecto,
mas a causa do intelecto.
Deus não é sopro,
mas a origem do sopro.
Deus não é luz,
mas a causa da luz.
Ele é o espaço
que se contém a si mesmo.
Incorporal,
incapaz de erro.
Impassível,
intangível.
Imutável em sua própria estabilidade,
contendo todos os seres
e os conservando na existência.
Seus raios são o bem e a verdade,
arquétipo do espírito,
arquétipo da alma.
Aquele que não é nada do que vemos,
mas a causa de tudo,
causa de todos
e de cada um em particular.
A palavra — bom — somente a ele pertence,
ninguém pode usurpá-la,
nem os deuses,
nem os homens,
nem o demônio.
Deus é somente isso,
nada mais.
A amplitude do bem é tão grande
quanto a realidade dos seres.
Todos os corpos e também os seres incorporais,
os sensíveis como os inteligíveis,
estão contidos dentro dele.
Eis o que é o bem:
eis Deus.

Cristianismo

O cristianismo inaugura, verdadeiramente, uma nova era na história da Humanidade. Deus se apresenta como um Deus que se insere na nossa História. A Harmonia do Universo torna-se uma Pessoa, à qual se adere vitalmente. Foi levada ao ápice a consciência da fraternidade humana. Amar é dar a vida pelo outro. A semente da Igreja germinou no sangue dos mártires. E sobre esse sangue foram construídas as modernas civilizações ocidentais.

Do século I ao século XIX a piedade cristã variou imensamente. No cristianismo primitivo, ao lado de orações fortes e espontâneas (Didaqué, S. Inácio de Antioquia, S. Agostinho, S. Ambrósio), alguns exprimiram a sua espiritualidade em esquemas parciais tirados de Platão, Aristóteles ou dos estóicos.

A espiritualidade da Idade Média foi exaltada e inspirou tanto as Cruzadas quanto os êxtases dos grandes místicos. E também as meditações dos escolásticos (São Bernardo, S. Anselmo, S. Catarina de Sena). São Francisco de Assis é, nessa época, uma das expressões mais fortes do espírito do Evangelho. No seu "Cântico das Criaturas" existe "uma consciência da fraternidade universal que ninguém, antes dele, levou tão longe" (Stanislas Fumet), valores esses parcialmente conservados do humanismo renascentista, apesar de um culto semipagão do corpo humano.

A Reforma de Lutero, Calvino e Zwingli preferiu desenvolver outros aspectos da piedade cristã: o abandono nas mãos de Deus, o sentimento de culpa e de fraqueza do homem, bem como o arrependimento e a confiança. Deu-se grande ênfase à liberdade do cristão e ao sopro do Espírito Santo. Alguns teólogos e poetas da Reforma souberam exprimir magnificamente estes aspectos

(Milton, Schleiermacher, Novalis, Dietrich, Bonhoeffer, Kierkegaard, Tennyson, Browning, etc.).

Em reação contra certos exageros, a contra-reforma, conservando a linha reflexiva e interior, acentuou a transcendência divina e as exigências do Absoluto. O jansenismo, embora revivendo o dualismo maniqueu, conservou alguns valores dessa linha.

O mundo moderno (pouca coisa se salva do Romantismo ou do Barroco), até o século XIX, continuou a haurir nas mesmas correntes, especialmente dando ênfase ao nascimento do movimento cientista que, com a oração da ciência ao criador do universo, prenuncia a oração global do século XX.

A Oração do Cristo

Mateus, 6, 7-13

Lucas, 11 2-4

Um dia, recolhido,
ele rezava.
Quando terminou,
um de seus discípulos
lhe disse:
"Senhor, ensina-nos a rezar,
como João ensinou a seus discípulos."
Ele respondeu:
"Quando rezardes, dizei:

Pai nosso,
que estás nos céus,
que teu nome seja santificado,
que teu reino volte a nós,
que tua vontade seja feita,
na terra, como no céu.

Dá-nos, hoje, nosso pão de cada dia.
Perdoa nossas ofensas,
como nós perdoamos aos que nos devem.
Não nos submetas à tentação,
mas livra-nos do Maligno."

Oração pela Unidade

João, 17, 11-26

Pai Santo,
conserva em teu nome aqueles que me deste,
para que sejam um, como nós.
Quando eu estava com eles,
guardei, em teu nome, os que me deste.
Cuidei deles e nenhum se perdeu,
a não ser o filho da perdição,
para que se cumpram as escrituras.

Agora vou para ti
e digo estas coisas ainda presente neste mundo,
para que eles tenham a minha alegria,
em toda sua plenitude!

Dei-lhes a tua palavra
— e por isso o mundo os odiou —
porque eles não são do mundo,
da mesma forma que eu também não o sou.

Não te peço que os retires do mundo,
mas que os guardes do Maligno.
Consagra-os na Verdade:
tua palavra é a Verdade...

Que todos sejam um!
Como tu, Pai, estás em mim e eu em ti,
que eles também sejam em nós,
a fim de que o mundo saiba que tu me enviaste.

Eu lhes dei a glória que tu me deste,
para que todos sejam um como nós somos um,
eu neles
e tu em mim,
fundidos na unidade,
para que o mundo saiba que tu me enviaste
e que eu os amei como tu me amaste!

Pai,
eu quero que lá onde eu estou,
estejam também comigo aqueles que me entregaste,
para que contemplem o esplendor com que me envolveste!
Porque tu me amaste
antes da criação do mundo.

Pai justo,
o mundo não te conheceu,
mas eu te conheci.
E estes reconheceram
que tu me enviaste.

Eu lhes revelei o teu nome
e o continuarei revelando a eles,
para que o amor com que me amaste
os habite
e eu também.

Magnificat
Lucas, 1, 46-55

Isabel lhe disse: "Bem-aventurada aquela que creu na realização do que lhe foi dito da parte do Senhor."

Maria respondeu então:

"Minha alma exalta o Senhor
e meu espírito exulta em Deus,
meu Salvador,
porque Ele baixou o olhar para a pobreza de sua serva.

Eis que, doravante,
todas as gerações me proclamarão bem-aventurada,
pois o Todo-Poderoso fez em mim grandes coisas!
Santo é seu nome!
Sua misericórdia se estende,
de geração em geração,
sobre aqueles que o temem.

Manifestou a força de seu braço,
dispersou os homens de coração orgulhoso,
derrubou os poderosos de seus tronos
e exaltou os humildes,
saciou de alimentos os famintos
e despediu os ricos com as mãos vazias.

Socorreu Israel, seu servidor,
relembrando sua misericórdia,
como outrora prometera a nossos pais,
em favor de Abraão e de sua descendência,
para sempre...

O que é o Amor

São Paulo

Ainda que eu fale todas as línguas,
dos homens e dos anjos,
se eu não tiver o amor serei apenas
um bronze que ressoa,
um címbalo que retine.
Ainda que possua o dom das profecias
e conheça todos os mistérios,
que saiba todas as ciências,
ainda que eu alcance um tal grau de fé
que me torne capaz de remover montanhas,
se eu não tiver o amor,
não serei nada.
Ainda que eu reparta todos os meus bens,
entre os pobres,
e deixe então o fogo consumir meu corpo,
nenhum proveito tiro,
se eu não tiver o amor!

O amor é paciente,
o amor é bondoso,
não é nada invejoso,
arrogante,
orgulhoso.
Jamais é descortês
e nunca interesseiro.
Não se irrita,
nem guarda rancor no coração.
Detesta a injustiça,
gosta da verdade.
Tudo desculpa,
tudo crê,
tudo espera,
tudo suporta.
O amor não terá fim;
as profecias sim.
As línguas se calarão
e as ciências têm seu termo.

Imperfeito é o nosso conhecimento
e também as profecias.
Mas quando vier o que é perfeito,
o que é imperfeito desaparecerá.

Quando eu era criança,
falava como criança,
pensava como criança,
como criança raciocinava.
Homem feito, me despojei dos atributos de criança.
Por enquanto,
enxergamos obliquamente.
por um espelho.
Mas, um dia,
nós teremos a visão
— de face a face.
Por enquanto,
conheço apenas uma parte.
Mas logo o conhecerei,
como sou por ele conhecido.

Temos agora
a fé,
a esperança,
o amor.
Mas, dos três, o mais excelente
é o amor.

Ação de Graças
Didaqué (final do séc. I)

Agradecemos-te, Pai nosso,
pela vida e pelo conhecimento que nos deste
— por Jesus, teu filho querido.
Glória a ti, por todos os séculos!
Como este pão, que agora partimos,
foi outrora espalhado,
em forma de grão de trigo,
pelos campos e pelas colinas,

e foi recolhido para formar um só pão,
assim também
reúne toda a igreja das extremidades da terra
em teu reino.

Agradecemos-te, Pai santo,
pelo teu santo nome,
conservado em nossos corações,
pela fé e pela imortalidade que nos deste
— por Jesus, teu filho querido.

Tu, Senhor todo-poderoso,
criaste o universo para teu louvor
e deste aos homens alimento e bebida
para que, recebendo-os com alegria,
te rendam graças.
Mas tu nos gratificaste também
com um alimento e uma bebida espirituais,
para a vida eterna,
— por Jesus, teu filho querido.

Lembra-te, Senhor, de libertar a tua Igreja
de todo o mal e de aperfeiçoá-la no amor.
Reúne a Igreja que santificaste,
agora dispersa aos quatro ventos,
no reino que lhe preparaste,
pois de ti é o poder e a glória,
— por todos os séculos.
Amém.

Oração

Santo Ambrósio (340-397)

Nós te seguiremos,
Senhor Jesus.
Mas, para que te sigamos,
chama-nos.
Pois, sem ti,
ninguém caminha.

Tu és, com efeito,
o caminho,
a verdade
e a vida.

Recebe-nos
como estrada acolhedora,
Acalma-nos
como só a verdade pode acalmar.
Vivifica-nos
porque só tu és a Vida.

Confissões
Santo Agostinho (354-430)

Interroguei a terra e tudo o que ela contém.
Ela me disse: "Não sou eu."
Interroguei o mar, os abismos e os seres que os povoam.
Responderam-me: "Não somos o teu Deus, procura outro."
Interroguei o vento e o ar com seus habitantes.
Disseram-me: "Anaxímenes se engana, eu não sou Deus."
Interroguei o céu, o sol, a lua e as estrelas.
Disseram-me: "Nós também não somos o Deus que procuras."
Perguntei então aos seres que estão às portas da minha carne:
"Desse Deus, que não sois vós, dizei-me alguma coisa..."
Então, com voz forte, exclamaram: "Foi Ele quem nos fez."
Minha interrogação é minha reflexão interior.
A resposta deles é o lado externo.
Tornei-me, então, para mim mesmo
e disse-me a mim mesmo: "Quem és tu?"
E eu respondi: "Um homem, eis o que sou."
Dois lados, porém, se apresentam a mim:
um externo, outro interno: corpo e alma.
Os dois me ajudam a encontrar Deus.
De que os seres materiais não sejam deuses,
meu lado interno me instruiu pela experiência externa.
Soube, então, que nada do criado é Deus.
Captando a Verdade interna, por meio dos sentidos,
a Verdade infalível me diz:

"O teu Deus não é o céu, nem a terra,
nenhuma substância material,
nem massa corporal.
Nada disso é feito para tua alma.
Eu sou a vida de tua vida!"
Por meio dos seres do universo,
subirei como por degraus,
para chegar Àquele que me fez.
Quando eu procuro a felicidade nos seres inferiores,
é a ti que eu busco, meu Deus!
A vida de meu corpo é minha alma,
mas a vida de minha alma és tu.
Tarde te amei,
Beleza sempre nova e sempre antiga!
Tarde te amei!
Estavas dentro de mim,
mas eu estava fora.
Eu te procurava fora quando me precipitava
sobre os seres externos,
belos às avessas,
as coisas belas, que são criadas por ti...
Estavas comigo e eu não estava contigo...
Chamaste, gritaste, feriste a minha surdez.
Brilhaste com fulgores,
varreste minha cegueira,
exalaste teu perfume,
respirei
e fui a teu encalço.
Saboreei-te: tenho fome e sede.
Tocaste-me: inflamei-me pela paz que me deste.
Aglutinado a ti, com todo o meu ser,
não haverá mais dor,
nem fadiga.
Minha vida se encherá de ti,
ó Vida!

Hino a Deus
São Gregório de Nazianzo († 390)

Ó tu que estás acima de tudo,
poema algum pode celebrar-te,
palavra alguma pode exprimir-te.
És inefável,
mas tudo o que se diz procede de ti!
Todos os seres te celebram:
os que falam
e os que permanecem mudos.
O universal desejo,
o gemido de todos os seres
aspira por ti.
Tudo o que existe te invoca.
Todo o ser que sabe ler teu universo
eleva para ti um hino de silêncio.
Tudo o que subsiste, subsiste em ti.
O impulso do universo
para ti se precipita.
És o único termo de todos os seres,
És cada um deles e não és nenhum.
Não és solitário e não és o conjunto:
possuis todos os nomes.
Como te chamarei?
Ó ser que tudo sobrepuja,
Tem piedade de mim!

A Grande Treva Transluminosa
Pseudo Dionísio Areopagita (séc. VI)

A treva divina é a luz inacessível,
onde se diz que Deus habita.
O excesso de claridade a torna invisível,
o transbordamento de suas irradiações ofusca
os olhares humanos.
Entretanto,
é nela que nasce todo aquele que quer amar

e contemplar a face de Deus.
É exatamente porque não a vê
que ele penetra em seu segredo.
De Deus ele não sabe outra coisa
senão que
transcende o sensível e o inteligível.

Exclama então:
"Tua ciência é demasiado elevada para mim,
é por demais maravilhosa,
sobrepuja as minhas forças.
Teus caminhos são inacessíveis,
teus juízos impenetráveis,
teus dons inefáveis.
Tua face excede o entendimento,
és totalmente transcendente.
Tu,
Criador de todas as coisas,
estás além de todas elas!"

Como, porém,
aquele que transcende os homens ocupa um lugar
entre os homens,
não somente por ser o criador da humanidade,
mas porque, pessoalmente,
se fez homem,
na totalidade de seu ser
e em verdade,
em seu amor Ele estabeleceu sua morada entre nós.
Mais que humano,
tornou-se perfeitamente homem.
Conservou sua plenitude divina
— a eterna Superessência —
no seio da essência humana.

Nem somente homem,
nem não-homem,
Mas, ao mesmo tempo,
Filho do Homem
e Super-Homem.
Fez-se homem, ultrapassando o homem,
inserindo-se na humanidade.

Concedeu ao homem a capacidade de realizar ações,
conjuntamente,
humanas e divinas!

Meditação sobre o Amor de Deus

São Bernardo (1091-1153)

Quereis saber como se deve amar a Deus?
Respondo:
o motivo do amor a Deus é o próprio Deus
e a medida de amá-lo é amá-lo sem medida.

Não amamos a Deus se sermos recompensados,
embora
não devamos amá-lo pensando em recompensa.

O verdadeiro amor não é sem proveito,
mas
também não é mercenário,
pois não procura seus próprios interesses.

É um movimento do coração,
não é um contrato.

Não se pode comprá-lo ou adquiri-lo,
por meio de um mercado.

É espontâneo
e nos torna espontâneos
como ele.

Se alguém ama o outro,
subordinando-o,
é a si mesmo que ele ama,
não ao outro.

No primeiro grau do amor,
o homem se ama para si mesmo.
Ele é carne

e nada sabe julgar fora da carne.
Depois,
quando começa a perceber
que não pode bastar-se a si mesmo,
começa a procurar Deus,
pela fé e pelo amor,
como um auxílio que lhe é necessário.

No segundo grau,
o ser humano ama Deus,
mas para si,
não ainda por ele.

Pouco a pouco,
a familiaridade que vai adquirindo
e que lhe revela
quanto Deus é suave
o faz passar para o terceiro grau,
que é amar a Deus,
não para si,
mas por ele mesmo.

Normalmente,
o homem pára neste estágio.
Não sei se haverá alguém,
sobre a terra,
que atinja perfeitamente
o quarto grau,
em que o homem não se ama a si mesmo
a não ser por Deus.

Se alguém já o experimentou,
que o diga.
Para mim, confesso, isto até agora
me foi impossível.
Mas não duvido que este será
nosso quinhão
na eternidade.

Cântico das Criaturas

São Francisco de Assis (1181-1226)

Altíssimo,
Onipotente,
Bom Senhor!
Teus são o louvor,
a glória,
a honra e
toda a bênção.

Louvado sejas,
meu Senhor,
com todas as tuas criaturas,
especialmente o senhor irmão sol,
que clareia o dia
e que com sua luz
nos ilumina.
Ele é belo e radiante,
com grande esplendor.
de ti, altíssimo,
é a imagem.

Louvado sejas,
meu Senhor,
pela irmã lua
e pelas estrelas,
que no céu formastes,
claras,
preciosas
e belas.

Louvado sejas,
meu Senhor,
pelo irmão vento,
pelo ar e pelas nuvens,
pelo sereno
e todo tempo
com que dás sustento
às tuas criaturas.

Louvado sejas,
meu Senhor,
pela irmã água,
útil e humilde,
preciosa e casta.

Louvado sejas,
meu Senhor,
pelo irmão fogo,
pelo qual iluminas a noite.
Ele é belo e alegre,
vigoroso e forte.

Louvado sejas,
meu Senhor,
por nossa irmã, a mãe terra,
que nos sustenta e governa,
produz frutos diversos,
flores e ervas.

Louvado sejas,
meu Senhor,
pelos que perdoam,
pelo teu amor,
e suportam as enfermidades
e as tribulações.

Louvado sejas,
meu Senhor,
por nossa irmã, a morte corporal,
de quem homem algum
pode escapar.

Louvai todos e bendizei
ao meu Senhor,
dai-lhe graças e servi-o
com grande humildade.

Oração Atribuída a São Francisco de Assis

Senhor,
faze de mim um instrumento de tua paz!
onde houver ódio, que eu leve o amor,
onde houver ofensa, que eu leve o perdão;
onde houver discórdia, que eu leve a união;
onde houver dúvidas, que eu leve a fé;
onde houver erros, que eu leve a verdade;
onde houver desespero, que eu leve a esperança
onde houver tristeza, que eu leve a alegria;
onde houver trevas, que eu leve a luz!

Mestre,
faze com que eu procure menos
ser consolado que consolar,
ser compreendido que compreender,
ser amado do que amar...

Pois
é dando que se recebe,
é perdoando que se é perdoado,
é morrendo que se vive para a vida eterna!

Oração Santo Tomás de Aquino (1225-1274)

Que eu chegue a ti, Senhor,
por um caminho seguro e reto,
caminho que não se desvie entre prosperidades ou adversidades,
de tal forma que eu te dê graças nas horas prósperas
e nas adversas conserve a paciência,
não me deixando exaltar pelas primeiras,
nem abater-me pelas outras.

Que nada me alegre ou entristeça,
exceto o que me conduza a ti ou de ti me separe.

Que eu não deseje agradar ou não receie desagradar
a ninguém senão a ti.
Tudo o que possa torne-se desprezível a meus olhos
por tua causa, Senhor,
e que tudo que te diz respeito me seja caro,
mas tu, meu Deus, mais do que o resto.

Qualquer alegria sem ti seja-me fastidiosa
e nada eu deseje fora de ti.
Qualquer trabalho, Senhor, feito por ti seja-me agradável,
e insuportável aquele em que estiveres ausente.
Concede-me a graça de erguer continuamente o coração a ti,
e quando eu cair, reconhecer meu erro.

Torna-me, Senhor meu Deus,
obediente, pobre e casto,
paciente sem reclamação,
humilde sem fingimento
alegre sem dissipação,
triste sem abatimento,
reservado sem rigidez,
ativo sem leviandade,
animado pelo temor sem desânimo,
sincero sem duplicidade,
fazendo o bem sem presunção,
corrigindo o próximo sem altivez,
edificando-o com palavras e exemplos, sem falsidade.

Dá-me, Senhor Deus,
um coração vigilante,
que nenhum pensamento curioso arraste para longe de ti,
coração nobre que nenhuma afeição indigna debilite;
coração reto que nenhuma intenção equívoca desvie;
coração firme que nenhuma adversidade abale;
coração livre que nenhuma paixão subjugue.

Concedei-me,
Senhor meu Deus,
uma inteligência que te conheça,
um angústia que te procure,
uma sabedoria que te encontre,

uma vida te que agrade,
uma perseverança que te espere com confiança
e uma confiança que te possua,
enfim!

Hino ao Sangue
Santa Catarina de Sena (1347-1380)

Ó sangue, tu que fortaleces a alma e dela tiras esta fraqueza, que se origina sempre do medo servil, desse medo que, por sua vez, provém da privação da luz! Como é forte a alma que, desse sangue, foi inundada de verdade! Ela compreendeu, viu, com os olhos da inteligência, que a verdade suprema a criou, para lhe dar a vida que dura sempre, para a glória e louvor de seu nome.

O que nos prova que isso seja assim?

O sangue do Cordeiro Imaculado. O sangue nos prova que Deus nos concede as prósperas e as adversas consolações e tribulações, humilhações e injúrias, mortificações e insultos, difamações e calúnias, todos nos são concedidos com um grande fogo de amor, a fim de que se realize, em nós, esta primeira e doce verdade, na qual fomos criados.

Quem nos prova isso?

O sangue. De fato, se Deus quisesse outra coisa de nós não nos teria dado o seu Filho, o Filho de sua vida. Logo que a alma conhece, com os olhos da inteligência, essa verdade, ela recebe esta força, que é bastante poderosa para carregar e suportar qualquer fardo, por amor do Cristo crucificado. Cheia de ódio e de desprezo por si mesma, ela nao se entibia, mas se aquece no fogo da divina caridade. Pouco a pouco, ela sente que se torna inebriada, pois é quando o homem está ébrio que ele perde o sentimento de si mesmo e só descobre os efeitos do vinho: todos os outros sentimentos estão afogados.

Assim também, minha alma, ébria de sangue de Cristo, perde o sentimento de si mesma, deixa-me privada do amor sensível, do medo servil (pois onde não há amor sensível, não há receio de privações), ela se regozija com o sofrimento. Ela só quer procurar a glória na cruz de Cristo crucificado.

Esta, sim, é a verdadeira glória.

Todas as faculdades da alma estão nelas aplicadas. A memória encheu-se de sangue. Ela o recebe como um benefício, pois é no sangue que ela encontra o amor divino, que expulsa o amor-próprio, que ela encontra o amor das injúrias e o desprezo das honrarias, amor da morte, desprezo da vida.

Quem encheu a memória?

As mãos do afeto, do santo e verdadeiro desejo. Este apego e este amor a alma os tirou da luz da inteligência, que conheceu a verdade e a doce vontade de Deus.

Caríssimo pai, é assim que eu quero que nos inebriemos e sejamos mergulhados no sangue do Cristo crucificado, a fim de que todas as coisas amargas se tornem para nós doces e que os fardos, pesados, se tornem leves. Dos espinhos e das tribulações colhamos a rosa, a paz e a tranqüilidade.

(de uma carta a Fra Tommaso della Fonte.)

A Visão Beatífica
Dante Alighieri (1264-1321)

E o que vi, então, na imensidade,
ultrapassou quanto a palavra humana possa exprimir
e quanto a memória possa gravar.
Como o homem que, a sonhar,
vê claramente,
depois só guarda a sensação impressa em seu espírito,
sem que nada mais lhe volte à mente,
assim, para mim, quando cessou a visão sublime!
E em meu coração permaneceu apenas
a alegria causada por essa contemplação.

Tu, ó abundante graça, me animando,
ousei fixar com meus olhos a luz eterna,
a ponto de nisso consumir a minha vista.
E lá, na profundeza, vi que está contido,
unido pelo Amor,
num só volume,

tudo o que o universo encerra.
Acidente, substância e tudo mais,
reunidos entre si de tal maneira
que, na verdade, mal posso descrevê-lo.
Creio que a forma universal inteira
vi nesse foco,
pois, refletindo,
sinto, ao dizê-lo, transportes de júbilo...

De êxtase, assim, minha alma toda presa,
atenta, absorta,
imóvel se imergia,
em contemplar sempre mais acesa estava
e tal efeito produzia
que me seria impossível consentir deixá-la
para encarar outros seres,
pois o bem, que é objeto de sua aspiração,
está todo nela.
Nela tudo é perfeito,
como fora dela tudo é defeituoso.
Mas,
como olhando minha vista se levantava,
a imutável essência parecia mudar,
quando era somente eu que me transformava.

Ó luz eterna,
que em ti somente habitas,
somente tu te compreendes a ti mesma,
e, compreendendo-te,
te amas e sorris.
Como o geômetra que o espírito crucia,
procurando em vão um apoio,
para medir seu círculo incircunscrito,
assim estava eu diante dessa visão tão nova,
procurando ver como a imagem humana
pode inserir-se nesse círculo e descrevê-lo.
Para mim isso seria empresa insana,
se não me houvesses clareado a mente,
com teu fulgor,
que dá a posse da verdade.

Desde esse momento,
a visão desfaleceu.
Mas já se achavam em movimento
o desejo e a vontade,
que, como a roda que ao motor obedece,
volviam àquele amor,
que move o sol e as estrelas.

Última Meditação à Véspera da Morte
Savonarola (Florença, 23-5-1498)

Em ti esperei, Senhor!
Não serei eternamente confundido!
Ó maravilhoso poder da esperança!
A tristeza não permanece em sua presença.
Pode ressoar seu fragor,
os inimigos podem assediar-me,
nada temo,
pois espero em ti, Senhor!

Tu és a minha esperança,
meu refúgio forte e inexpugnável,
já penetrei dentro dele.
A esperança abriu-me suas portas.
Não penetrei temerariamente.
A esperança é minha escusa antecipada.
Ela me diz:
"Eis, ó homem, o teu refúgio,
abre os olhos e vê:
Deus é teu único asilo.

Somente Ele pode libertar-te,
somente Ele te consola e te salva!
O coração dos homens está nas mãos de Deus.
Ele o guia segundo sua vontade.

— Considera minha bondade e meu amor.
Não seria amigo dos homens
quem pelos homens se fez homem?

quem pelos pecadores sofreu a morte?
Na verdade, Ele é teu Pai.
Poderia um pai esquecer seu filho?
É Ele quem nos diz,
pela escritura,
'já que o homem confiou em mim,
eu o libertarei,
tirá-lo-ei de suas tribulações'."

Ó imensa força da esperança,
como ela se difunde pelo mundo inteiro!
Não serei eternamente confundido!
Poderei sê-lo na terra,
não na eternidade!
Com teu braço forte,
com teu julgamento eqüitativo,
liberta-me, Senhor!

Oração na Doença
Huldrych Zwingli (1484-1531)

Socorre-me, Senhor, socorre-me nesta miséria,
a morte bate à minha porta.
Acode-me Senhor,
tu que venceste a morte.

Se for tua vontade, arranca a flecha que me fere,
ajuda-me e cura-me,
Mas se me chamas à morte prematura,
sou teu cântaro: conserta-o ou quebra-o.

Se tiras o espírito desta terra, tu o fazes
para que não seja pior,
para que não me afaste do meu dever,
da piedade e da esperança.

Consola-me, Senhor, consola-me;
acentua-se a doença,
minha alma e meu corpo dobram-se na dor.

Desejo a tua graça, volta para mim,
pois fora de ti não há ajuda.
Esvai-se a minha vida; logo se extinguirá.
Minha boca cala-se, não pode mais balbuciar uma palavra.
A força foi-se embora, todos os sentidos se esgotaram.

Por isso, Senhor, é tempo agora.
Toma a dianteira da minha luta.
Eu sou muito fraco; dá-me força.
Agarro-me a ti por maior que seja a força do inimigo.

Restabelecido, Senhor, estou restabelecido.
Meu coração e a minha boca louvam-te,
Volto de novo para a vida.
Quero cantar o teu louvor e anunciar a tua doutrina, sempre mais.

Seja como for, meu coração é teu,
até que me atinja a dor da morte.
Um dia, porém, deverei submeter-me a ela,
talvez com dores maiores do que as passadas.

Suporto, porém com paciência,
o escárnio e o ataque insistente do inimigo,
confiado em tua proteção.
Tu estimulas a minha força, teu é o poder,
sem ti, nada pode ser feito.

A Liberdade do Cristão
Martinho Lutero (1483-1546)

Assim o cristão deve,
como o Cristo, sua cabeça,
contentar-se plenamente com a fé e procurar
aumentá-la incessantemente, pois ela é
sua vida, sua justificação e sua salvação.

A fé lhe dá tudo o que Deus e o Cristo possuem.
Como São Paulo, o cristão pode dizer:
"o que eu vivo agora, na carne, eu vivo
na fé em Jesus Cristo, filho de Deus".

Embora completamente livre,
o cristão deve, voluntariamente, tornar-se escravo
para ajudar o próximo,
agindo como Deus agiu para com ele,
por intermédio do Cristo,
fazendo isto gratuitamente, sem procurar outra coisa
senão agradar a Deus.

Deve dizer a si mesmo:
"se Deus me concedeu tudo gratuitamente,
apesar da minha indignidade,
se um tal Pai me cumulou de dons superabundantes,
devo, em retorno,
fazer livremente, gratuitamente, alegremente,
o que lhe apraz.

Para o meu próximo
devo tornar-me um Cristo
e agir como o Cristo fez por mim,
sacrificando-se pela minha salvação.

Da fé decorrerão assim
o amor e a alegria em Deus
e do amor ao próximo
decorrerá uma existência livre, espontânea e feliz,
que se entrega, desinteressadamente,
ao serviço dos outros".

De fato,
como o nosso próximo está na penúria
e necessita dc nosso auxílio,
assim também nós, miseráveis,
necessitamos da graça de Deus!

Daí resulta que
o cristão não vive mais em si mesmo,
mas no Cristo e no próximo.
No Cristo, pela fé,
no próximo, pela caridade.
Pela fé,

ele se eleva acima de si mesmo
em Deus.

E de Deus ele desce ao próximo,
pela caridade fraterna,
embora permanecendo sempre em Deus
e no seu amor...

Eis a verdadeira liberdade espiritual e cristã,
que liberta o coração de todos os pecados,
de todas as leis,
de todos os mandamentos,
que plana acima de todas as liberdades,
como o céu plana acima da terra!

A Noite Obscura

São João da Cruz (1542-1591)

Em uma noite escura
de amor em vivas ânsias inflamada,
ditosa ventura!
Saí sem ser notada,
já estando minha casa sossegada.

Na escuridão segura,
pela secreta escada, disfarçada,
ditosa ventura!
Na escuridão, velada,
já estando minha casa sossegada.

Em noite tão ditosa,
e num segredo em que ninguém me via,
nem eu olhava nada,
sem outra luz, nem guia,
além do que no coração me ardia.

Essa luz me guiava
com mais clareza que a do meio-dia,
aonde me esperava

quem eu bem conhecia,
em sítio onde ninguém aparecia.

Ó noite que me guiaste,
ó noite mais amável que a alvorada,
ó noite que juntaste
amado com amada,
amada já no amado transformada.

No meu peito florido
que inteiro só para ele se guardava,
quedou-se adormecido...
E eu, terna, o regalava
e com o leque dos cedros o refrescava.

Da ameia, a brisa amena,
quando eu os seus cabelos afagava,
com sua mão serena
em meu colo soprava
e meus sentidos todos transportava.

Esquecida, quedei-me,
o rosto reclinado sobre o amado,
cessou tudo e abandonei-me,
largando meu cuidado,
por entre as açucenas olvidado.

Sobre os Rios da Babilônia
(Paráfrase do Salmo 136)
Luís de Camões (1524-1580)

Sobre os rios que vão
por Babilônia, me achei,
onde sentado chorei
as lembranças de Sião
e quanto nela passei.

Assim, depois que assentei
que tudo o tempo gastava,

da tristeza que tomei,
nos salgueiros pendurei
os órgãos com que cantava.

Órgãos e frauta deixava,
despojo meu tão querido,
no salgueiro que ali estava,
que para troféu ficava
de quem me tinha vencido.

E se eu cantar quiser,
em Babilônia sujeito,
Jerusalém, sem te ver,
a voz, quando a eu mover,
se me congele no peito;

A minha língua se apegue
às fauces, pois te perdi,
se enquanto viver assi,
houver tempo em que te negue,
ou que me esqueça de ti.

Tanto pode o benefício
da graça que dá saúde,
que ordena que a vida mude:
e o que eu tomei por vício
me faz grau para a virtude,

E faz que este natural
Amor, que tanto se preza,
suba na sombra ao real:
da particular beleza
para a beleza geral.

Fique logo pendurada
a frauta com que tangi,
ó Jerusalém sagrada!
E tome a lira dourada
para só cantar de ti.

A vós só me quero ir,
Senhor e grã-capitão
Da alta torre de Sião,
à qual não posso subir,
se me vós não dais a mão.

Não basta minha fraqueza
para me dar defensão,
se vós, santo capitão,
nesta minha fortaleza
não puserdes guarnição.

Quem do vil contentamento
cá deste mundo visível,
quanto ao homem for possível,
passar logo o entendimento
para o mundo inteligível.

Ali achará alegria
em tudo perfeita, e cheia
de tão suave harmonia,
que nem por pouca recreia,
nem por sobeja enfastia.

Ditoso quem se partir
para ti, terra excelente,
tão justo e tão penitente,
que depois de a ti subir
lá descanse eternamente.

Colar

George Herbert (1593-1633)

Bati na mesa, gritando:
basta!
quero partir!
Então, quê?
sempre gemer,
se amofinar?

Vida minha, meu caminho está livre,
livre como a estrada,
tão largo quanto o vento,
reserva inesgotável.
Hei de ser sempre um mendigo?
E terei recolhido um espinho somente
para sangrar
e não poder nunca
produzir, de novo, frutos generosos
daquilo que perdi?
Era vinho, decerto,
antes que secassem meus suspiros.
Era trigo, é verdade,
antes que meu pranto o tivesse afogado.
Só para mim, então,
Foi estéril o ano?
Não posso enfeitá-lo
com louros, com flores,
festivas grinaldas?
morreu tudo?
tudo se estragou?

Não, coração!
Existem frutos.
Tu tens mãos.
Refaz tuas forças,
esgotadas por suspiros,
redobra teus prazeres,
deixa lá tuas argúcias
sobre o bem e o mal.
Sai da gaiola,
quebra os grilhões de areia,
feitos por mesquinhos pensamentos,
transformados em duras cordas
para amarrar-te,
para ser tua lei,
quando cerravas os olhos para não ver.
Vamos!
Desperta!
Quero partir!
Esconde este crânio,

ata teus temores.
Quem recusa servir seus desejos
merece o fardo que leva.

. . . .

Mas, quando me enfurecia,
mais irado e raivoso
a cada palavra que saía,
tive a impressão de ouvir uma voz que dizia:
— Meu filho!
E respondi:
— Senhor!

O Mistério de Jesus

Blaise Pascal (1623-1662)

Está Jesus não em um jardim de delícias, como o primeiro Adão que nele se perdeu e a todo o gênero humano, mas em um jardim de suplícios, onde se salvou e a todo o gênero humano.

Sofre, no horror da noite, essa pena e esse abandono.

Creio que só desta vez Jesus se queixou. Mas foi como se não mais pudesse conter em si a dor excessiva:

"Minha alma está triste até à morte."

Jesus procura companhia e alívio da parte dos homens. Penso que isso aconteceu uma só vez em toda vida.

E nada recebe.

Os seus discípulos dormem.

Jesus estará em agonia até o fim do mundo.

É preciso não dormir durante esse tempo.

* * *

Jesus, no meio desse abandono universal e no abandono dos amigos, escolhidos para com Ele velarem, ao encontrá-los dormindo, aflige-se pelo perigo a que expõem, não a Ele, mas a si mesmos. E os adverte da própria salvação e do próprio bem, com uma ternura cordial por eles, durante aquela ingratidão. E os adverte que o espírito é pronto, mas que a carne é fraca.

Jesus, encontrando-os ainda a dormir — sem que disso os retivesse a consideração que lhe deviam ou a que deviam a si mesmos — não os desperta, cheio de bondade. Deixa-os em repouso.

Jesus ora, sem ter certeza da vontade do Pai e teme a morte, mas, tendo conhecido essa vontade, avança e se oferece para a morte: "*Eamus. Processit.*"

Jesus implorou aos homens e não foi atendido.

Enquanto dormiam os discípulos, Jesus os salvou. E salvou a todos os justos, enquanto dormiam: do abismo do nada, antes de nascerem; do pecado, depois de nascidos.

Pequei, Senhor
Gregório de Matos (1633-1696)

Pequei, Senhor, mas não porque hei pecado
da vossa alta clemência me despido,
porque quanto mais tenho delinqüido,
vos tenho a perdoar mais empenhado.

Se basta a vos irar tanto pecado,
a abrandar-vos sobeja um só gemido,
que a mesma culpa que vos há ofendido,
vos tem para o perdão lisonjeado.

Se uma ovelha perdida e já cobrada
glória tal e prazer tão repentino
vos deu, como afirmais na sacra história,

eu sou, Senhor, a ovelha desgarrada;
cobrai-a e não queirais, pastor divino,
perder em vossa ovelha a vossa glória.

Ao Crucificado
Anônimo Espanhol (séc. XVII)

Não me move, meu Deus, para querer-te
o céu que me hás um dia prometido:
e nem me move o inferno tão temido
para deixar por isso de ofender-te.

Tu me moves, Senhor, move-me o ver-te
cravado nessa cruz e escarnecido.
Move-me no teu corpo tão ferido
ver o suor de agonia que ele verte.

Moves-me ao teu amor de tal maneira,
que a não haver o céu ainda te amara
e a nao haver o inferno te temera.

Nada me tens que dar por que te queira;
que se o que ouso esperar não esperara,
o mesmo que te quero te quisera.

Soneto Ditado na Agonia

Bocage (1765-1805)

Já Bocage não sou!... À cova escura
Meu estro vai parar desfeito em vento...
Se aos céus ultrajei, o meu tormento
Leve me torne sempre a terra dura.

Conheço agora que tão vã figura
Em prosa e verso fez meu louco intento:
Musa!...Tivera algum merecimento
Se um raio da razão seguisse pura.

Eu me arrependo; a língua quase fria
Brade em alto pregão à mocidade,
Que atrás do som fantástico corria.

Outro Aretino fui... a santidade
Manchei!... Ó, se me creste, gente impia,
Rasga meus versos, crê na eternidade!

A Beleza: Caminho para Deus

Keats (1795-1821)

O belo é uma alegria para sempre,
cresce sempre o seu encanto,
nunca está aniquilado,
nos reservará sempre satisfação,
refúgio tranqüilo, transporte, restauração.

É por isso que,
toda manhã,
teremos uma grinalda para nos ligar à terra,
apesar do desânimo,
da grande penúria, dos dias sombrios,
dos véus tenebrosos,
das pesquisas vãs,
dos espaços inúteis.

Shelley (1792-1822)

As palavras demônio, fantasmas, céu,
são denominações vãs,
encantações frágeis,
fórmulas mágicas,
que não podem explicar tudo que contém o universo:
dúvida,
acaso,
mutabilidade...

Somente tua luz,
espírito de beleza,
como esplendor que cobre as coisas do universo,
somente tua luz
infunde graça e verdade ao sonho inquieto
da vida.

Wordsworth (1770-1850)

Docemente,
minha alma afastou o véu
que a encerrava,
e tendo ela mesma operado
sua transmutação,
apareceu, em toda sua nudez,
na presença
de Deus.

Francis Thompson (1859-1907)

Ó mundo invisível,
nós te vemos,
Ó mundo intangível,
nós te tocamos,
Ó mundo incognoscível,
nós te conhecemos,
Impalpável,
nós te abraçamos.

A Ação

Goethe (1749-1832)

Está escrito:
"No começo era o verbo!"
Já começo a hesitar!
Quem me ajudará a prosseguir?
Não posso colocar tão alto o verbo.
É preciso traduzir de outra maneira.
Se eu estiver bem iluminado pelo espírito,
direi: "No começo havia o pensamento."
Medita bem sobre esta última afirmação,
para que tua pena não vá depressa demais.
Foi o pensamento que criou e produziu tudo?
Não.
Seria melhor dizer:

"No começo havia a força."
Mas, no momento mesmo em que escrevo isso,
algo me adverte que devo ir além.
O espírito vem em meu auxílio,
vejo, enfim, a solução.
Escreverei com segurança:
"No começo era a ação!"

Como o Remador Dentro da Barca...

Sören Kierkegaard (1813-1855)

Na vida é preciso ter a atitude certa, a verdadeira.
E é isto que faz o cristão em relação ao amanhã que, para ele, não existe.

Conduzindo sua barca, o remador vira as costas à meta para a qual se dirige.

O mesmo com o amanhã.

Quando, graças ao socorro do eterno, o homem vive mergulhado no dia presente, volta as costas para o amanhã, e quanto mais o eterno o mergulha, mais também ele volta as costas, deliberadamente, ao amanhã, que ele não vê.

Mas, se ele se virar, o eterno se turva a seus olhos e se confunde com o amanhã.

Porém, quando, para bem se dirigir para o seu fim (a eternidade), ele lhe volta as costas, não vê, absolutamente, o amanhã, enquanto, graças ao eterno, vê, com perfeita nitidez, o dia presente e seus trabalhos.

E é assim que o homem deve orientar-se para bem trabalhar hoje.

Todo momento de impaciência em que ele quer o fim, para ver se está chegando mais perto, é causa de atraso e de distração.

Não.

De uma vez por todas, seja firme e ponha-se ao trabalho com as costas voltadas para o futuro.

Assim faz o remador, dentro da barca.

E também aquele que crê.

Talvez alguém possa pensar que está mais longe do eterno, para o qual vira completamente as costas, vivendo o presente, enquanto outro procura descobrir essa mesma eternidade.

Entretanto, o que crê é o que está próximo. E o "apocalíptico", o afastado.

A fé volta as costas à eternidade justamente porque a retém dentro do presente.

Justamente porque crê, o cristão se libertou do amanhã.

Ele é um "presente".

No sentido etimológico da palavra, um "poderoso".

O que se atormenta com o futuro é um ausente, um impotente.

Muitas vezes ouvimos alguém desejar ter sido contemporâneo deste ou daquele grande homem, deste ou daquele acontecimento, imaginando que isto poderia torná-lo um grande personagem. Talvez.

Melhor seria desejar ser contemporâneo de si mesmo.

Porque a maior parte dos homens está a centenas, ou mesmo a milhares, de quilômetros adiante de si mesmos nos sentimentos, desejos, resoluções, nas aspirações e em suas visões apocalípticas. Ou, ao menos, estão algumas etapas à frente de si mesmos.

Mas aquele que crê — *o presente* — este é o contemporâneo de si mesmo, no sentido mais elevado da palavra.

O que é mais próprio para cultivar e elevar um homem é ser, graças ao eterno, o contemporâneo de si mesmo, no dia de hoje. É assim que se ganha a eternidade.

E esta contemporaneidade do dia presente é justamente o nosso trabalho.

Aquele que o realiza tem a fé.

Conduze-me, Doce Luz

Cardeal Newman (1801-1890)

Conduze-me, doce luz,
através das trevas que me cercam,
conduze-me sempre mais longe!
A noite é como uma tinta negra,
estou longe de tua casa,
conduze-me sempre mais longe!
Ampara meus passos,
não peço para ver desde agora
aquilo que devo ver mais adiante.
Basta, para mim, um único passo de cada vez.

Mas nem sempre fui assim,
nem sempre rezei para que me conduzisses,
cada vez mais longe...

gostava de escolher, eu mesmo,
o meu caminho...
Mas, agora, conduze-me tu,
sempre mais longe...

Fascinavam-me os dias de glória
e, apesar do medo,
o orgulho dominava minha vida.
Não te lembres mais dos anos já escoados...
durante tanto tempo teu poder me abençoou;
certamente ele saberá conduzir-me ainda,
cada vez mais longe...
pelo deserto, pelo pântano,
sobre as rochas abruptas,
pela força das torrentes,
até que a noite tenha ido embora
e que venha a manhã sorridente.

Que esses rostos de anjo, que amei outrora,
e que perdi de vista durante muito tempo,
voltem novamente a brilhar.

Conduze-me, doce luz,
Conduze-me tu,
sempre mais longe...

Deus Morreu!
Nietzsche (1844-1900)

Não ouvistes falar de um homem louco que,
numa manhã clara,
acendeu uma lanterna e correu para o mercado,
gritando sem cessar:
"Estou procurando Deus, estou procurando Deus"?

O homem louco, saltando no meio da multidão
e atravessando-a com o olhar, gritou:
"Onde está Deus?"
Eu lhes direi:

Matamos Deus.
Vós e eu.
Somos todos assassinos!

Mas, como pudemos fazer isso?
Como pudemos beber o mar até a última gota?
Quem nos deu uma esponja para apagar o horizonte inteiro?
Que fizemos quando arrancamos esta terra do seu solo?

Para onde nos dirigimos agora?
Para onde vamos?
Não vagamos em um nada sem fim?
Não sentimos o alento do espaço vazio?
Não faz mais frio?
A noite não nos obscurece constantemente?
Não nos consolamos mutuamente, nós,
os assassinos dos assassinos?
O ser mais poderoso e mais sagrado que o mundo possuía,
nós o sangramos
e o degolamos
com os nossos cutelos...

Ó Zaratustra!
Tu, o mais cruel dos Nemrods,
outrora caçador de Deus,
rede em que se captavam todas as virtudes,
flecha do mal!
Hoje,
perseguido por ti mesmo,
tua própria presa,
ferido por tua própria flecha,
enforcado por tua própria corda,
conhecedor de ti mesmo,
algoz de ti mesmo!

Procuravas o fardo mais pesado
e te encontraste a ti mesmo...
Não podes mais libertar-te de ti mesmo...
Toma cuidado, homem!
Que diz a meia-noite profunda?
Eu dormi, dormi...

e acordei de um sonho profundo...
o mundo é profundo,
mais profundo que todo o pensamento do dia,
profunda é sua pena,
a alegria é mais profunda que a profunda dor...
a dor diz:
vai-te!
mas toda a alegria quer a eternidade,
a profunda,
profunda eternidade...

Na Mão de Deus

Antero de Quental (1842-1891)

Na mão de Deus, na sua mão direita.
Descansou afinal meu coração.
Do palácio encantado da ilusão
Desci a passo e passo a escada estreita.

Como as flores mortais, com que se enfeita
A ignorância infantil, despojo vão,
Depus do ideal e da paixão
A forma transitória e imperfeita.

Como criança em lôbrega jornada,
Que a mãe leva no colo agasalhada
E atravessa, sorrindo vagamente,

Selvas, mares, areias do deserto,
— Dorme teu sono, coração liberto,
Dorme na mão de Deus eternamente!

Fé e Moral

Dostoiévski (1821-1881)

Muitos julgam que basta crer na moral do Cristo para ser cristão. Não é a moral do Cristo, não é o ensinamento do Cristo que salvarão o mundo, mas a fé no fato de que o Verbo se fez carne. Esta fé não é apenas o reconhecimento da superioridade da sua mensagem. Mas um impulso direto. É preciso crer, de maneira precisa, que o Verbo encarnado — Deus encarnado — é o ideal definitivo do homem.

É somente por esta fé que atingimos à adoração, a este encantamento que nos encadeia a ele diretamente e que impede o homem de desviar-se.

Observai que a natureza humana exige, de forma absoluta, a adoração. A moral e a fé fazem um. A moral decorre da fé. A necessidade de adorar é uma propriedade essencial à natureza humana, propriedade elevada, reconhecimento do infinito, aspiração de expandir-se no infinito do universo, consciência de ser dele derivada...

E para que haja adoração é preciso haver Deus.

O ateísmo é oriundo precisamente dessa idéia de que a adoração não é uma propriedade natural da natureza humana e ele espera o renascimento do homem, abandonado unicamente a si mesmo. Esforça-se por mostrar que o homem será moral quando se libertar da fé. Mas, até hoje, os ateus não mostraram nada. Julga-se a árvore por seus frutos. Ao contrário, mostraram apenas uma monstruosidade. A moral, entregue a si mesma ou à ciência, pode desnaturar-se até a abominação extrema.

Diálogo da Ciência com Deus (séc. XIX) Autobiografia

Charles Darwin (1809-1882)

Por maiores que fossem as crises por que passei, nunca desci até o ateísmo, no verdadeiro sentido do termo, isto é, nunca cheguei a negar a existência de Deus.

A impossibilidade de conceber este grande e maravilhoso universo, com nossos "eus" conscientes, como obra do acaso, é, a meu ver, o argumento principal a favor da existência de Deus.

Outro motivo de minha crença na existência de Deus, ligado não ao sentimento, mas à razão, e que, pelo seu grande peso, não pode deixar de impressionar-me, é a extrema dificuldade, ou antes, a radical impossibilidade de conceber o universo, prodigioso e imenso, incluindo o homem com a faculdade de se reportar ao passado e de prever o futuro, como resultado de um destino ou de uma necessidade cega.

Refletindo sobre isso, sou forçado a admitir uma causa primeira, um espírito inteligente, sob certos aspectos análogo ao do homem.

E mereço, por isso, que me considerem deísta.

Esta conclusão está fortemente radicada no meu espírito, desde a época em que escrevi *A Origem das Espécies* (pp. 354, 356, 363).

Max Planck (1857-1947)

Ambas, a religião e a ciência da natureza, envolvem, em seu exercício, a afirmação de Deus.

Apenas acontece que, na religião, Deus está no começo. E, para as ciências da natureza, Deus está no termo do raciocínio.

Para a religião, Deus é o fundamento.

Para as ciências, ele é a coroa que remata o edifício das concepções científicas.

Albert Einstein (1879-1955)

A opinião comum de que sou ateu repousa sobre grave erro.

Quem a pretende deduzir de minhas teorias científicas não as entendeu.

Creio em um Deus pessoal e posso dizer que, nunca, em minha vida, cedi a uma ideologia atéia.

Não há oposição entre a ciência e a religião. Apenas há cientistas atrasados, que professam idéias que datam de 1880.

Aos dezoito anos, eu já considerava as teorias sobre o evolucionismo mecanicista e casualista como irremediavelmente antiquadas. No interior do átomo não reinam a harmonia e a regularidade que estes cientistas costumam pressupor. Nele se depreendem apenas leis prováveis, formuladas na base de estatísticas reformáveis. Ora, essa indeterminação, no plano da matéria, abre lugar à intervenção de uma causa, que produza o equilíbrio e a harmonia dessas reações dessemelhantes e contraditórias da matéria.

Há, porém, várias maneiras de se representar Deus. Alguns o representam como o Deus *mecânico*, que intervém no mundo para modificar as leis da natureza e o curso dos acontecimentos. Querem pô-lo a seu serviço, por meio de fórmulas mágicas. É o Deus de certos primitivos, antigos ou modernos. Outros o representam como o Deus *jurídico*, legislador e agente policial da moralidade, que impõe o medo e estabelece distâncias. Outros, enfim, como o Deus *interior*, que dirige por dentro todas as coisas e que se revela aos homens no mais íntimo da consciência.

* * *

A mais bela e profunda emoção que se pode experimentar é a sensação do místico. Este é o semeador da verdadeira ciência. Aquele a quem seja estranha tal sensação, aquele que não mais possa devanear e ser empolgado pelo encantamento, não passa, em verdade, de um morto.

Saber que realmente existe aquilo que é impenetrável a nós, e que se manifesta como a mais alta das sabedorias e a mais radiosa das belezas, que as nossas faculdades embotadas só podem entender em suas formas mais primitivas, esse conhecimento, esse sentimento está no centro mesmo da verdadeira religiosidade.

A experiência cósmica religiosa é a mais forte e a mais nobre fonte de pesquisa científica.

Minha religião consiste em humilde admiração do espírito superior e ilimitado que se revela nos menores detalhes que podemos perceber em nossos espíritos frágeis e incertos. Essa convicção, profundamente emocional na presença de um poder racionalmente superior, que se revela no incompreensível universo, é a idéia que faço de Deus.

Século XX — Início do Século XXI

Somos hoje seis bilhões de habitantes do planeta. Se somarmos todos os seres humanos (o século XVII contava ao todo com meio bilhão de habitantes), cerca de metade da humanidade em todos os tempos terá vivido a partir do século XX. Acabou-se a era do homem terrestre e abre-se a do homem cósmico. A história acelera-se de tal maneira que os filósofos começam a falar numa mutação da humanidade.

Ao mesmo tempo, descobre-se que três quartos da humanidade vivem em estado de fome. Os meios de comunicação elevam perigosamente (para os ricos) o nível de consciência dos povos pobres. A possibilidade de destruição total da espécie humana passa da fase de um pesadelo medonho para uma probabilidade trágica.

Não nos espantemos, pois, se o grito que se eleva das profundezas do nosso tempo, neste início de milênio, for um grito todo ele perpassado pelas contradições que dilaceram a carne e o espírito humanos. Talvez a muitos nem pareçam orações. Mas são testemunhos que calarão na compaixão de Deus tão profundamente quanto as mais piedosas orações dos tempos anteriores.

A Noite

Charles Péguy (1873-1914)

Ó minha noite estrelada, eu te criei primeiro.
Tu que adormeces,
tu que amortalhas
já numa sombra eterna
toda criatura.
As mais inquietas:
o cavalo fogoso
a formiga laboriosa
e o homem,
esse monstro de inquietude,
noite que consegues adormecer o homem,
esse poço de inquietude,
ele só mais inquieto que toda a criaçao
o homem,
esse poço de inquietude,
como adormeces a água do poço.

Ó minha noite de vestido comprido
que levas as crianças
e a jovem esperança
nas dobras da tua roupa
(mas os homens não se deixam levar),
ó minha bela noite,
eu te criei primeiro.
E quase antes da outra,
silenciosa,
de longos véus.
Tu por quem desce na terra um gosto antecipado
tu que espalhas com tuas mãos,
tu que derramas sobre a terra
uma primeira paz,
prenúncio da paz eterna,
um primeiro repouso,
prenúncio de repouso eterno,
um primeiro bálsamo — tão fresco —,
uma primeira beatitude,
prenúncio de beatitude eterna,

tu que acalmas,
tu que unges,
tu que consolas,
tu que pensas as feridas e os membros amortecidos.
Tu que adormeces os corações,
tu que adormeces os corpos,
os corações doloridos,
os corpos doloridos,
curvados,
os membros rompidos,
alquebrados de fadiga,
de cuidados,
de inquietudes mortais...
Tu que derramas o bálsamo
nas gargantas rasgadas de angústia,
tão fresco!
Ó filha de coração grande,
eu te criei primeiro,
quase antes da primeira,
minha filha de seio imenso,
e sabia bem o que fazia.
Sabia por certo o que fazia.

Tu que deitas a criança no braço da mãe,
a criança iluminada de sono,
de uma sombra de sono,
transbordante de confiança em sua mãe.
E em mim.
Com um sorriso misterioso na boca tranqüila.
Tu que deitas a criança,
pesada de mistério,
transbordante de inocência
...e de confiança
no braço da mãe.
Tu que deitas o Menino Jesus,
todas as tardes no braço da Virgem.
Tu que és a irmã da esperança.
Ó minha filha,
primeira entre todas.
Tu que consegues mesmo,
tu que consegues às vezes,

tu que chegas a deitar o homem
no braço da minha providência maternal,
ó minha filha,
cintilante e sombria,
eu te saúdo.
Tu que reparas,
tu que alimentas,
tu que repousas.
Silêncio da sombra,
silêncio que reinava antes da inquietação,
antes que começasse o reino da inquietude.
Silêncio que reinará,
mas silêncio de luz,
quando toda inquietude for consumada,
quando toda inquietude se esgotar,
quando tirarem a água do poço,
depois da consumação,
depois do esgotamento
de toda essa inquietude do homem.

Assim, minha filha,
tu és antiga,
antiga e estás atrasada.
Porque no reino da inquietude
tu recordas,
tu comemoras,
tu quase restabeleces.
Tu fazes quase
recomeçar a quietude anterior,
quando meu espírito pairava sobre as águas.
Mas também,
minha filha estrelada,
minha filha de manto sombrio,
tu estás adiantada,
tu és muito precoce.
Porque tu anuncias.
Porque tu representas,
Porque tu fazes quase começar toda tarde,
antecipadamente,
minha grande,
minha eterna
quietude de luz.

Noite, tu és santa.
Noite, tu és grande.
Noite, tu és bela,
Noite de grande manto.
Noite, eu te amo,
eu te saúdo,
eu te glorifico,
minha filha mais velha
minha criatura.

Bela noite,
noite de grande manto,
minha filha de manto estrelado,
tu me lembras,
a mim próprio tu me lembras
o grande silêncio que havia
antes que eu abrisse os diques da inquietude.
E me anuncias,
a mim mesmo anuncias
o grande silêncio que haverá
quando os tiver fechado.
Doce,
grande,
santa,
bela noite,
talvez a mais santa de minhas filhas,
noite de vestido comprido,
noite de vestido estrelado,
tu me lembras esse grande silêncio
que havia no mundo,
antes do reinado do homem.
Tu me lembras o grande silêncio
que haverá,
no fim de seu reino,
quando eu retomar o cetro.
E eu penso nisso,
às vezes antecipadamente,
porque o homem faz muito barulho.
Mas, sobretudo, noite,
tu me lembras uma noite,
que eu recordarei eternamente.

A nona hora soara.
Era no país de Israel,
meu povo.
Tudo estava consumado.
A enorme aventura.
Desde a sexta hora havia trevas sobre toda a região.
Até a nona.
Tudo estava consumado.
Não falemos mais nisso.
Faz-me mal.
Essa incrível descida de meu filho entre os homens.
Nos homens.
E aquilo que fizeram...
Esses trinta anos,
em que foi carpinteiro entre os homens,
esses três anos,
em que foi uma espécie de pregador entre os homens,
no meio dos homens.
Um padre.
Essas três horas,
em que foi uma vítima entre os homens.
No meio dos homens.

Tudo estava consumado.
Essa incrível aventura,
pela qual, eu, Deus,
tenho os braços ligados para sempre.
Essa aventura pela qual meu filho atou-me os braços,
para sempre.
Atando, eternamente, os braços de minha justiça
e desligando,
eternamente,
os da minha misericórdia.
E contra a minha justiça,
inventando uma outra justiça.
Uma justiça de amor.
Uma justiça de esperança.
Tudo estava consumado.
O que era preciso.
Como era preciso.
Como os meus profetas o predisseram.

O véu do templo rasgou-se em dois,
de alto a baixo.
Tremeu a terra,
fenderam-se os rochedos,
abriram-se os sepulcros
e muitos corpos de santos,
que estavam mortos,
ressuscitaram.
E à nona hora,
por volta da nona hora,
meu filho soltou um grito,
que não se apagará.
Tudo estava consumado.
Os soldados haviam voltado para as suas casernas,
rindo e galhofando,
porque era um serviço acabado,
uma guarda de menos a montar.
Só um centurião permanecera.
E alguns homens.
Uma pequena patrulha
para guardar esse patíbulo sem importância,
— a cruz da qual pendia meu filho —
Só algumas mulheres ficaram.
E talvez, também, alguns discípulos,
não se sabe ao certo.
Ora, todo homem tem o direito de amortalhar seu filho.
Todo homem na terra,
se ele tem a grande desgraça
de não morrer antes do filho.
E eu só, Deus,
com os braços atados
por essa aventura,
eu, só,
nesse minuto,
pai como tantos pais,
só eu não podia amortalhar meu filho.

Foi então,
silenciosa noite,
que vieste e num grande lençol amortalhaste
o centurião e seus homens,

a virgem e as santas mulheres,
e esta montanha,
e este vale em que a tarde descia,
e meu povo de Israel,
e os pecadores,
e junto
aquele que morria,
que morrera por eles.

E os homens de José de Arimatéia
já se aproximavam
trazendo o lençol branco.

Colocado no Sepulcro

Paul Claudel (1868-1955)

O sepulcro onde o Cristo que morreu,
tendo sofrido, é colocado,
o buraco, para que ele durma a sua noite,
às pressas destapado,
não é apenas esse túmulo novo
que José de Arimatéia ofereceu.
Esse sepulcro é minha carne, meu corpo,
esse sepulcro sou eu!

Esse sepulcro é o homem, vossa criatura,
mais profundo que a terra!
Agora tendes as mãos furadas e o coração aberto,
não há mais cruz em nós
em que vosso corpo não dê certo,
não há mais pecado em nós
em que o vosso corpo não dê certo,
não há mais pecado em nós,
sem chaga que responda!

Vinde, pois,
do altar em que estais escondido,
até nós,
ó salvador do mundo!
Como é aberta a vossa criatura,
como o seu coração é profundo!

O Cristo de Velásquez

Miguel de Unamuno (1864-1936)

Em que pensas tu,
morto, Cristo meu?
Por que esse véu de cerrada noite
de tua abundante cabeleira negra
de Nazareno cai sobre tua fronte?

Olhas dentro de ti,
onde está o reino de Deus,
dentro de ti,
onde alvorece o sol eterno
das almas vivas.

Branco está teu corpo,
como o espelho do pai da luz,
do sol vivífico.
Branco teu corpo,
semelhante à lua
que, morta,
ronda em torno de sua mãe,
nossa cansada, vagabunda terra.

Branco teu corpo está,
como a hóstia do céu,
da noite soberana,
desse céu tão negro como o véu
de tua abundante cabeleira negra
de Nazareno...

...é sonho,
Cristo a vida e a morte vela,
enquanto a terra sonha solitária,
vela a branca lua.
Vela o homem
do alto da cruz,
enquanto os homens sonham
vela o homem sem sangue,
o homem branco

como a lua da noite negra.
Vela o homem que deu todo o seu sangue
para que as gentes saibam
que são homens.

A Cidadela

Antoine de Saint-Exupéry (1900-1944)

Dá-me a paz do estábulos
— dizia eu a Deus —
a paz das coisas em ordem,
das colheitas terminadas.
Deixa-me ser,
tendo atingido os cumes
do vir-a-ser.
Estou cansado dos lutos do meu coração,
estou sob o peso de tesouros inúteis,
como de uma música que jamais será compreendida.

Aparece-me, Senhor,
porque é árido perder o gosto de Deus.

Eu me dirijo, eu também,
ao longo da rampa que estou subindo
para a serenidade de Deus,
aceitando as renúncias,
que são condições para a alegria,
a imobilidade das crisálidas,
como condição de vôo,
porque tu me enlaças no que está mais elevado do que eu.
Sei que não chegarei à paz, nem ao amor fora de ti,
porque acontece que somente em ti se confundem,
em sua unidade sem litígios,
o amor, Senhor, e as condições do amor.

Abrirei meu caminho sem compreender antecipadamente...
Simplesmente, eu irei...
Ah! Senhor!

eu me transformo em caminho e meio de transporte...
não conheço senão a terra que revolvo
e, em meu avental atado,
o perpassar dos grãos de sementes entre meus dedos...

A ti foi dado o poder de inventar a primavera
e de estabelecer a sucessão das colheitas,
para tua Glória...

Kavi, o Poeta
Rabindranath Tagore (1861-1941)

Eu adorei o círculo esplêndido
que encerra o rosto do mundo;

Em volta dele envolvi
as obras da minha vida,

as grisalhas, tristes cinzas
e o ouro das auroras infinitas

passaram sobre a minha alma
e depois céleres desapareceram...

Enfim,
minha vida se identifica com a terra,
com o mar e com o céu,
com a lua e com o sol.

Assim,
a vida realizou a conquista da minha alma,
pois eu adorei o círculo esplêndido,
que encerra o rosto do mundo.

Eu bebi
o mel do ilimitado,
na taça do Lótus eterno...
Passando,
através do túnel do sofrimento,
encontrei o caminho escondido da felicidade...

E vi
réstias de luz atravessarem
o silencioso deserto da noite.

Morte,
recuso que tu me digas
que nada mais sou que
uma grande pilhéria de Deus,
que eu sou o nada surgido
de todas as riquezas do infinito!

Enche
teus olhos dos matizes que brincam
sobre o rio do belo
e vai querer captá-los...

É uma alvorada que persegues com teus desejos,
É uma música que faz vibrar as cordas de tua vida.

O vinho de que se embriagam os deuses
não tem forma,
nem peso:
ele está nas fontes borbulhantes,
nas árvores em flor,
no sorriso que se esboça no canto de um olho sombrio...
...saboreia-o livremente.

Louvamos-te, Senhor!

T. S. Eliot (1888-1965)

Louvamos-te, Senhor, pela tua glória manifestada em todas as criaturas da terra.

Na neve, na chuva, no vento e na tempestade; em todas as tuas criaturas, as que perseguem e as que são perseguidas.

Porque todas as coisas existem apenas na medida em que as vês, na medida em que as conheces;

Tudo existe apenas em tua luz, e tua glória se manifesta naquilo que te nega — como as trevas manifestam o esplendor da luz — .

Os que te negam não poderiam negar-te se não existisses; e sua negação não é completa, pois se o fosse eles não existiriam.

Vivendo, eles te afirmam; tudo o que é vivo te afirma; o pássaro no ar, seja o falcão ou o pardal; os animais na terra, seja o lobo ou o cordeiro; e o verme da terra e o verme das entranhas.

Assim o homem, que criaste para te conhecer, deve conscientemente louvar-te em palavras, pensamentos e ações.

Mesmo com a vassoura nas mãos, ou inclinadas sobre a lareira, ou de joelhos lavando o chão, nós, as pobres, as pobres mulheres de Cantuária.

Curvadas ao peso da labuta, vergadas ao peso do pecado.

Velando o rosto com o medo, inclinando a cabeça sob a dor.

Mesmo em nós, os ruídos das estações, o fungar do inverno, o cantar da primavera, o zumbir do verão, as vozes dos bichos e das aves, cantam os teus louvores.

Na Semana Santa

Boris Pasternak (1890-1963)

Em volta, ainda, a treva noturna.
E é tão cedo no mundo
que, no céu, as estrelas não têm número
e todas reluzem como o dia.
E, se pudesse, a terra
adormeceria nesta Páscoa,
à leitura do saltério.

A terra está desnuda, despojada.
E não se pode, se é noite ainda,
tocar as campainhas
e chamar os cantores para a rua.

E desde a quinta-feira santa,
até o sábado da Páscoa,
a água rebenta nas bordas
e encrespa-se em rodamoinhos.

O bosque está despido e descoberto
e, na sexta-feira da Paixão,
parece-se com uma procissão de beatos
a floresta de pinheiros nus.

Mas, na cidade, num exíguo espaço,
como se se encontrassem,
as árvores nuas olham
para além das cancelas das igrejas.

Seu olhar é aterrado.
Há uma razão para aquela angústia.
Os jardins saem do recinto,
a ordem da terra vacila:
é a Deus que enterram.

O canto dura até a aurora
e, saciados de soluçar,
de dentro, mais docemente chegam,
sob os lampiões e os terrenos vagos,
o som do saltério e do apostolado.

Mas toda carne, à meia-noite,
silenciará.
E a voz da primavera anunciará,
correndo,
que, apenas amanheça o dia,
a morte estará vencida,
pelo esforço da ressurreição.

Oração do Abandono
Charles de Foucauld (1858-1916)

Meu Pai,

entrego-me a vós,
fazei de mim o que for do vosso agrado.

O que quiserdes fazer de mim, eu vos agradeço.

Estou pronto para tudo, aceito tudo,
desde que vossa vontade se realize em mim,
em todas as vossas criaturas;
não desejo outra coisa, meu Deus.

Deponho minha alma em vossas mãos,
eu vo-la dou meu Deus, com todo o amor do meu coração,

porque vos amo
e porque, para mim, é uma necessidade de amor dar-me
e entregar-me em vossas mãos, sem medida,
com uma confiança infinita, pois sois meu Pai.

Oração

Charles de Foucauld

Senhor, para onde irei?
para onde Jesus iria:
para a ovelha mais tresmalhada,
para o irmão mais doente,
para os mais abandonados,
para os que têm menos pastores,
para os mais cativos do demônio,
para os mais cegos,
para os mais perdidos...

Meditação de Natal

Papa João XXIII (1881-1963)

A noite avança; as estrelas claras e brilhantes cintilam na noite fria; vozes barulhentas e dissonantes chegam aos meus ouvidos vindas da cidade — vozes dos folgazões mundanos que celebram com festins a chegada do Salvador. À minha volta, meus companheiros dormem em seus quartos e eu, em vigília, medito sobre o mistério de Belém. Vinde, vinde, Jesus, eu vos espero!

Maria e José sentindo que a hora se aproxima, rejeitados pelos da cidade, vão procurar abrigo no campo. Eu sou um pobre pastor, não tenho senão um mísero estábulo, uma pequena manjedoura, uns poucos molhos de palha. Eu vos ofereço tudo, comprazei-vos em aceitar a minha humilde choupana. Eu vos ofereço o meu coração, a minha alma é pobre e destituída de virtudes. Porém, ó Senhor meu, o que mais podereis esperar! É tudo quanto tenho!

A vossa pobreza me enternece; estou comovido até às lágrimas. Não tenho, entretanto, nada melhor para vos oferecer. Jesus, embelezai a minha alma com a vossa presença, adornai-a com a vossa graça. Queimai essas palhas secas e transformai-as em macio berço para o vosso santíssimo corpo.

Jesus, estou aqui à vossa espera. Homens perversos vos rejeitaram e lá fora sopra um vento gélido. Sou um homem pobre, mas vos acolherei da melhor forma que puder. Ao menos condescendei em vos alegrardes com a minha vontade de vos dar uma ardente acolhida, de vos amar, de me sacrificar por vós.

Porém, a vosso modo, sois rico e podeis ver todas as minhas deficiências. Sois a chama da caridade e purificareis o meu coração de tudo o que não for do vosso agrado. Sois a santidade incriada e encher-me-eis com as vossas graças para que fecundem em minha alma o verdadeiro progresso espiritual. Vinde.

Ah! Já é tarde, o sono vence-me e a pena cai-me da mão. Deixai-me dormir um pouco. Ó Jesus, enquanto a vossa Mãe e José preparam a choupana, deitar-me-ei aqui e descansarei um pouco, ao ar fresco da noite.

Quando vierdes, o esplendor de vossa luz ofuscará os meus olhos. Vossos anjos me acordarão com os seus suaves cânticos de glória e de paz e eu acorrerei com alegria para vos receber e vos oferecer os meus humildes presentes, minha morada, o pouco que possuo. Adorar-vos-ei e demonstrarei todo o meu afeto, com os demais pastores que se juntaram a mim e com os anjos do céu, cantando hinos de louvor.

Vinde, Jesus! Eu vos espero!

Oração na Páscoa de 1959

João XXIII

Senhor de todas as nações,
ó Jesus,
que reconciliastes os pecadores com o Pai,
concedei a todos,
a cada um dos membros da família humana,
todos os dons desejados,
que a vossa luz expulse dos espíritos a treva do erro,
purifique o fundo dos corações,
ilumine, para cada um, o caminho de sua própria vocação,
suscite no mundo inteiro uma vontade ardente
de justiça,
de caridade,
de paz...

Ofertório

Daniel Rops (1901-1965)

Se nada tens a oferecer ao Senhor,
apresenta tuas dores, tua fadiga apenas.
Quanto custou a tanta gente
este pedaço de pão, colocado na patena!

Se tens as mãos vazias, e a boca amarga e seca,
oferece o coração machucado, meu amigo.
Para que o vinho espumasse neste cálice
foi preciso — não foi? — pisar a uva e moer o grão de trigo.

Se nada tens em ti mais que amargura e pecado,
o cansaço de viver e a angústia que te oprime,
que tuas mãos elevem para o céu estas míseras coisas,
pois o amor, de antemão, as acolheu na ceia!

E se nem forças tens para ofertar e implorar,
se em ti tudo é abandono e solidão tremenda,
silenciosamente aceita — e é só — que um outro
te receba, vele por ti e sejam um só dom

o ofertante e a oferenda...

Quando Chegar o Grande Fim...

Gertrud von Le Fort

Quando chegar, um dia, o grande fim
de todos os mistérios,
quando aquele que está oculto aparecer entre clarões,
nas tempestades do amor desencadeado,
quando a sua vinda repercutir como um furacão,
através do todo,
quando então se expandir em gritos de alegria
o desejo da criação,
quando as esferas do firmamento rebentarem em chamas
e se erguer a luz liberta,

quando se romperem os diques espessos das substâncias
e se abrirem as eclusas do invisível,
quando os milenários voltarem, como as águias,
e retornarem ao eterno
os esquadrões das idades,
quando rebentarem os tonéis das línguas
e se precipitar a torrente
do que jamais foi dito...

Então,

erguerá o Senhor minha cabeça e, diante de seus olhos,
serão meus véus devorados pelo fogo.
Eu ficarei como um espelho nu em face dos mudos,
e os astros reconhecerão em mim a sua luz,
os tempos reconhecerão em mim o que há neles de eterno
e as almas reconhecerão o que há nelas de divino.
E Deus reconhecerá em mim o seu amor.
E nenhum véu, a não ser o esplendor do meu juiz
voltará a cair sobre minha cabeça.

Então,

o mundo desaparecerá...
e esse véu se chamará graça,
e a graça se chamará infinito,
e o infinito se chamará bem-aventurança...

Consentimento

Simone Weil (1909-1943)

Para o Pai, Deus é o Filho.
Para o Filho, Deus é o Pai.
Isto faz uma só verdade. Assim, duas pessoas e um só Deus. O Pai é a criação do ser. O Filho é renúncia de ser. Estas duas pulsações são um ato único, que é Amor ou Espírito.
Esta troca de amor entre o Pai e o Filho atravessa toda a criação.
Nada mais nos é pedido do que consentir nessa passagem
Nada mais somos que este consentimento...

Assim, a oração só é dirigida a Deus se ela for incondicional. Rezar incondicionalmente é pedir em nome de Cristo.
Esta a oração que nunca é recusada.
— Que a tua vontade seja feita —
— qualquer que ela seja —
— que desças em mim para realizar,
através de mim,
a tua vontade,
— qualquer que ela seja...

Tempo de Opressão

Raïssa Maritain (1883-1960)

Tempos de ódio,
tempos de dor,
de dor motivada pelo ódio.
Tempos de loucura,
tempos de morte
e de esperança sem rumo.

Agonia de corpos e almas,
promessas de paz não cumpridas,
a miséria solta,
desenfreada,
pela própria miséria,
miséria que não poderá mais ser socorrida,
até a morte,
até a morte,
até que se esgote todo o ódio,
a ciência do ódio,
o poder do ódio,
até o suicídio da terra,
quando Deus só encontrar mortos para julgar...

Tempos nossos de sangue e de morte,
de torturas e de desespero,
de caos e de miséria,
de fome e de angústia,

de descobertas malditas.
Tempo do irremediável,
que afoga todo coração
que a crueldade ainda não devorou.

Deus,
Só Deus, na sua misericórdia,
pode receber o nosso grito,
a nossa fé, árida e nua,
traída por todas as aparências,
que são a nossa realidade.

Romano Guardini (1885)

O homem de hoje não é mais o mesmo do século XIX, este homem que, certo de si mesmo, exibia sua insolência no mundo físico e no mundo das almas.

Surgiu uma nova dimensão interior, que atrai o homem. Uma nostalgia existe que nos arrebata para dentro, para a calma. Uma vontade de escapar à confusão, de mergulhar no recolhimento. Num recolhimento que não seria uma negação do ser e do agir, da vida que nos cerca, mas que estaria, sim, no próprio âmago da vida. Pressentimos possibilidades de concentração, de interiorização no cotidiano, na vida tal qual ela hoje se nos apresenta. Talvez reconheçamos que a técnica, a indústria, a própria política têm necessidade de silêncio e de fervor para realizarem suas tarefas.

Aquele que vive no nosso mundo precisa encontrar a arte de descobrir em si mesmo, e também em algo mais profundo que em si mesmo, um ponto de apoio para agarrar o "seu" mundo.

Apesar da incerteza do nosso tempo, do seu ceticismo, da sua inquietação, da orfandade, ainda há homens, hoje em dia — e numerosos — que se mantêm diante de Deus.

É possível que os homens falem, que trabalhem, que destinos se realizem e que nada seja dito a respeito de Deus.

Entretanto lá, em última instância, é que se decidirá a questão.

Que possamos nos elevar até Ele, com o mais profundo do nosso ser. E nele nos apoiando, em sua liberdade, em seu poder, possamos nos tornar senhores do caos. Aí está a decisão.

Creio sentir todas estas forças em marcha. Uma prodigiosa ascensão. Uma eclosão interior de formas que sobem de todas as partes...

Partindo de sua profundidade, a história caminha. Resta-nos estar prontos, confiantes em tudo aquilo que Ele faz, nas forças que colocou a nosso serviço e cujo frêmito sentimos palpitar dentro de cada um de nós.

Oração de um Cristão

Pierre Lyonnet

Senhor,
sou limitado em tudo:
saúde, conhecimento, habilidade.
Mas o amor, em mim, não tem limites,
a não ser os impostos pelo meu egoísmo...

Senhor,
fugi da santidade.
Tive medo,
transigi, hesitei, calculei,
quando seria preciso dar tudo...

Senhor, eis-me aqui:
com a minha covardia e os meus desejos loucos.
Dai-me o Vosso socorro.
Tenho necessidade de Vossa bondade infinita.
Esquecerei o mau amigo que fui.

Desejaria iniciar convosco uma amizade nova,
uma amizade jovem e ardente,
uma amizade em que tudo é comum,
uma amizade para a vida e para a morte.

Senhor,
colocai-me novamente no posto de combate,
num lugar onde eu possa "agüentar" firme,
com a ajuda da Vossa graça, da Vossa força...

E que todos aqueles que acabaram suas carreiras,
que venceram o combate,
santos, mártires, confessores,

tenham piedade do pobre e pequeno militante,
que vai tentar imitá-los,
que desejaria ser santo...

Salmo de Ascensão

Diego Fuertes Álvarez

Há algo que sobe em nós, Senhor,
algo que grita,
que borbulha,
que pugna por vencer e respirar.

Há algo em nós que luta contra
o tempo,
que sobe rio acima,
que braceja,
que quer abrir mil portas,
que deseja dissipar todas as névoas.
A águia encontra o sol.

Senhor,
a seiva que sobe encontra a rosa,
o incenso encontra a nuvem,
a águia encontra o sol.
Não encontrará nossa alma
a flor do seu desejo,
a nuvem da sua serenidade,
o cume da sua perfeição?

Há Dois Amores Somente

Michel Quoist

Há dois amores somente, Senhor,
o amor de mim mesmo
e o amor de ti e dos outros.
Cada vez que me amo, é um pouco menos de amor por ti e pelos outros.
É um vazamento de amor, uma perda de amor,
pois o amor foi feito para sair de mim e ir para os outros.
Cada vez que ele volta a mim,
se estiola,
apodrece,
morre.

O amor de mim, Senhor, é um veneno que absorvo cada dia.
E o que é mais grave é que o amor de mim é um amor roubado.
Era destinado aos outros,
alguém precisava dele para viver,
e eu o desviei.
Assim, o amor de mim faz o tormento humano,
faz a miséria humana,
todas as misérias humanas,
todos os sofrimentos humanos.

Todas as injustiças,
as amarguras, as humilhações,
as mágoas, os ódios, os desesperos,
todos os sofrimentos
são uma fome insatisfeita,
uma fome de amor...
Assim, construíram os homens,
lentamente,
egoísmo por egoísmo,
um mundo que esmaga os homens.
Desperdiçaram o teu amor, Senhor.

Esta noite,
eu te peço que me ajudes a amar.
Faze que, por mim e por teus filhos,
penetre no mundo
o amor verdadeiro.
Um pouco, em todos os meios,
em todas as sociedades,
em todos os sistemas econômicos,
em todos os sistemas políticos,
em todas as leis,
em todos os contratos,
em todos os regulamentos.
Que ele penetre nos escritórios,
nas fábricas,
nos bairros,
nas casas,
nos cinemas,
nos bailes.

Que ele penetre no coração dos homens
para que não esqueçam
que a luta por um mundo melhor
é uma luta de amor,
a serviço do amor.

A Miséria Julgará o Mundo

Abbé Pierre

É a miséria que irá julgar
os destinos da terra inteira.
É ela que também nos julgará
quando comparecermos diante de Deus.
Nossa fé no-lo afirma.
Nessa hora,
o Senhor dirá a cada um de nós:
"Eu tive fome, eu tive frio...
Onde quer que tenhas vivido,
os que tinham fome,
os que tinham frio,
os que choravam ao teu lado,
na terra inteira,
era eu.
Era eu que estava neles.
Vieste comungar,
não apenas minha presença sacramental,
mas também a minha presença social
no sofrimento dos pobres?
Se não comungaste no sofrimento dos outros,
então...
quaisquer que tenham sido tuas práticas de devoção,
retira-te, maldito,
pois todos os teus atos de devoção,
sem verdadeira religião,
não passam de simulação,
que insulta a face de Deus."
Na verdade, sem comiseração para com o próximo,
nós não passamos de blasfemadores,
que espezinham a face de Deus,

em dezenas, em centenas de exemplares,
esta face de Deus que,
na humanidade pecadora e resgatada,
se acha em cada irmão humano
que sofre,
que chora
e que desejaria poder esperar...

Oração pelos Povos Subdesenvolvidos

Padre J. Lebret

Senhor,
estavam em volta de ti cinco mil homens,
cansados e esfomeados,
e lhes deste pão e peixe.
Senhor,
há agora em torno de ti
mais de um bilhão de esfomeados e maltrapilhos,
e não sabemos como socorrê-los!

Nosso próximo mais próximo é toda a humanidade sofredora.
O Ocidente acostumou-se a viver como senhor.
É preciso que haja vilões e que haja nobres,
que haja operários e que haja patrões,
que haja subalimentados e pessoas fartas.

Senhor,
eu rezo, angustiado, por esses infelizes,
plantadores de café e cultivadores de arroz,
pelos que trabalham nas minas de cobre e de ferro,
pelos transportadores anônimos que carregam nas costas,
pelos estivadores hirsutos dos grandes portos.
Rezo,
também, por aqueles que não exploramos diretamente,
pelos que morrem de fome ao lado dos animais sagrados,
pelos que ainda não inventaram o arado,
pelos que cultivam nas encostas vertiginosas
e pelos que estão imersos nas florestas alagadas...

Divertimo-nos com o seu folclore e não temos dó de sua fome.

Senhor,
fazei que não amemos somente com palavras!
Eu, Senhor,
que fiz eu para que eles se tornem mais homens?
Senhor!
despertai a consciência dos que se julgam civilizados.

Natal no Século XX
Jacques Loew

Os foguetes dos cosmonautas
atingem os outros planetas;
um milhão de quilômetros
é a medida.

Inversamente,
o microscópio eletrônico
atravessa a barreira do milionésimo de milímetro;
descobre-se um novo mundo
de espantosa beleza.

O próprio tempo se alarga:
as grutas pré-históricas revelam,
nos nossos ancestrais de há vinte mil anos,
um gênio artístico ainda não ultrapassado...
os utensílios dos primeiros homens
levam-nos a quinhentos mil anos atrás,
talvez mais...

Em dez anos o nosso mundo cresceu mil vezes.
E em tudo isso o que significa o mistério do Natal?
Ele se torna ainda mais espantoso!
Tão simples sempre...
uma criança, uma mãe...
Mas, como sempre, insondável!

O infinito de Deus
na fragilidade de uma criança,
nascida de uma mulher.
Este fato único
ultrapassa todas as dimensões humanas.

E, no entanto,
a expansão prodigiosa do mundo atual
dá ao mistério do Natal
uma dimensão nova,
porque a altura e a largura do universo
e a profundidade dos séculos
convergem para o centro do espaço e do tempo
— o presépio de Belém — .

A Força do Amor

Martin Luther King

Toda vida humana tem três dimensões: comprimento, largura e altura. A extensão da vida, o seu comprimento, é o caminho interior de cada homem à procura de seus fins: ambição, bem-estar, realização. A largura é a procura do bem-estar do próximo. A altura é a subida para Deus. A vida completamente realizada é um triângulo coerente. Num de seus ângulos está o indivíduo; no outro, o próximo; no cume, a pessoa infinita de Deus.

Sem o desenvolvimento adequado de cada parte desse triângulo, vida alguma estará inteiramente realizada.

Somente o amor permite ao homem atingir estas três dimensões: o amor de si mesmo, visando a realização sadia e justa de sua personalidade; o amor do próximo, como a si mesmo; o amor de Deus, fonte e centro de tudo o mais.

É necessário dar prioridade à busca de Deus. Deixá-lo penetrar todo o vosso ser.

Deus está sempre no seu universo.

Nossas realizações técnicas e científicas não o podem banir nem do espaço microcósmico do átomo, nem das vastas e insondáveis extensões do espaço interestelar. Vivendo num universo em que as distâncias de certos corpos celestes devem ser medidas em bilhões de anos-luz, o homem moderno pode ainda exclamar como o salmista antigo:

"Quando contemplo os céus, obra de tuas mãos, o que é o homem, para que dele te lembres?"

O Apóstolo João elevou-se a esta alta visão.

Permita Deus que também nós a percebamos e nos ponhamos em marcha para a cidade da vida perfeita — em que a extensão, a largura e a altura são iguais.

Como autênticos filhos de Deus...

O que é Brahmacharya

Mahatma Gandhi (1869-1947)

O brahmacharya é o controle dos sentidos, tanto em pensamento, como em palavras e atos.

Compreendido assim, não pode ser atingido pelo esforço limitado. Numerosos são aqueles para os quais nunca passará de um ideal.

É preciso traçar uma linha de separação muito clara entre a vida do brahmachari e a vida do que não é brahmachari. A semelhança entre os dois modos de existência é apenas aparente. A diferença deve ser clara como o dia. Tanto um como outro se utilizam dos olhos, mas, ao passo que o brahmachari deles se serve para perceber a glória de Deus, o outro usa-os apenas para olhar o mundo de vaidade que o circunda. Tanto um como outro se utilizam do ouvido. Mas, enquanto um nada ouve senão o louvor de Deus, o outro regala os ouvidos com ninharias. Tanto um como outro fazem freqüentes vigílias, tarde da noite. Mas um as consagra à prece, enquanto que o outro as gasta em alegrias tolas. Tanto um como outro nutrem o homem íntimo, mas um com o fim único de manter em bom estado o templo de Deus; o outro, para inchar-se e transformar o Vaso Sagrado em esgoto pestilento. Um e outro vivem como dois pólos. A distância que os separa só pode aumentar com o tempo, não diminuir.

O aspirante ao brahmacharya terá consciência de suas deficiências, não deixará jamais de encurralar as paixões que rastejam ainda nos recantos mais obscuros de seu coração e lutará, sem tréguas, para delas se desembaraçar. Enquanto o pensamento não estiver completamente submisso ao controle da vontade, não poderá alcançar a plenitude da perfeição. Subjugar o pensamento significa subjugar o espírito — o que é ainda mais difícil do que curvar o vento.

Mas o fato de Deus existir no interior do ser torna possível o controle do espírito. Não se imagine que é coisa impossível, pela sua dificuldade.

Esse é o fim supremo.

Compreende-se, assim, que o esforço exigido para atingi-lo deva ser, também ele, supremo.

Compreendi, mais tarde, que o brahmacharya fica fora do alcance do simples esforço humano. Exige muitas lutas, mas permitam-me salientar, *quem tem o desejo de alcançar Deus* nenhuma necessidade tem de desesperar, desde que sua fé em Deus esteja à altura da confiança que deposita em seus próprios esforços.

Como se lê na Bhagavad-Gita: os objetos dos sentidos, desviando-se da alma que deles se abstém, deixam a recordação do prazer, mas o próprio prazer sensual desaparece com a compreensão da realidade de Brahma (o Muito Alto).

Seu nome e sua graça são, pois, os últimos recursos do aspirante à libertação...

Não há outro Deus senão a verdade.

O único meio de atingir a verdade é o Ahimsâ (a não-violência ou identificação da verdade, do amor e de Deus).

Quem não tem o coração puro jamais atingirá Deus.

A purificação de si mesmo significa a purificação em todas as fases e em todos os domínios da vida. Nada é mais contagioso que a purificação. A purificação de si conduz, necessariamente, à purificação de todos que se acham em redor de si. Para atingir à pureza perfeita, é preciso libertar de toda paixão o pensamento, a palavra e a ação, ultrapassar as correntes contrárias do ódio e do amor, da repulsão e do apego.

O combate às paixões sutis parece-me empresa infinitamente mais dura que a conquista física do mundo.

No desejo de atingir este fim supremo, apelo a todos que se unam a mim para orar ao Deus da verdade:

"Possa ele conceder-nos, como suprema graça, o Ahimsâ em pensamento, palavra e ação."

Prece Universal
(Ioga Moderno)

Salve, Senhor de misericórdia e de amor!
Estás presente em todo lugar
e em todos os seres,
tudo sabes e tudo podes fazer.
És a suprema bem-aventurança
e a essência de todas as coisas.
Dá-nos um coração compreensivo,
dá-nos equilíbrio e igualdade de ânimo,
dá-nos fé, devoção e sabedoria,
dá-nos força espiritual interna
para resistir às tentações e controlar a mente.
Livra-nos do egoísmo e da luxúria,
da ganância e do ódio,
purifica nosso coração com tua graça.

Seja-nos concedido ver-te em toda parte,
servir-te sob qualquer nome e forma,
lembrarmo-nos sempre de ti
e cantar tuas glórias eternas.
Que teu nome esteja sempre em nossos lábios
e que estejamos contigo por toda a eternidade!

Angústia

Pär Lagerkvist

A angústia,
a angústia é a minha herança,
a ferida que rasga a minha garganta,
o grito do meu coração ao mundo.

Nas mãos rudes da noite
as nuvens se endurecem,
as florestas se erguem
e se erguem as rudes alturas,
áridas,
para um céu atrofiado.
Tudo é amargo,
tudo é pedra,
negro, indiferente.

Às apalpadelas,
eu percorro este quarto escuro,
sinto a dureza das rochas nos meus dedos,
esfolo, até sangrar, minhas mãos erguidas
para as nuvens geladas.

Minhas unhas arrancadas dos dedos,
minhas mãos feridas,
machucadas,
doídas,
pelas montanhas,
pelas florestas sombrias,
pelo negror da noite,
pelo frio da terra.

A angústia,
só a angústia é a minha herança,
a ferida que rasga a minha garganta,
o grito do meu coração ao mundo.
Quando a terra e o céu ficam imóveis de sol,
pela manhã,
eu desço à procura do mar.
Sinto a vida como uma alegria sagrada,
como uma certeza radiosa.
E me sinto desamparado, oprimido,
pensando no quanto ousei gracejar
do que não compreendi,
do que não pude compreender.

A terra queima meus pés,
como um solo sagrado,
que não tenho o direito de pisar.
E eu me volto,
atemorizado,
como um maldito à procura das trevas.

Na manhã da ressurreição,
quando me acordar, tonto de luz...
na manhã da ressurreição,
quando vir descer do céu,
luminoso,
o deus que reneguei,
o deus cuja visão deslumbra meu olhar,
o deus que estará escondido para sempre,
na eternidade das eternidades,
para mim,
o faminto...

Testamento a seus Discípulos

Peter Wust (1884-1940)

Se quereis perguntar-me agora,
antes que me vá
e que me vá definitivamente,

se não conheço uma chave mágica
que possa abrir a última porta da sabedoria da vida,
dir-vos-ei:
sim, conheço-a.
Esta chave mágica não é, precisamente,
a reflexão,
como talvez esperásseis ouvir de um filósofo.
Mas é a oração.
A oração considerada como a última entrega de si mesmo.
A oração que nos faz voltar à infância,
que acalma,
que nos torna objetivos.
Para mim, um homem tanto mais cresce
no marco da humanidade
— não no humanismo —
quanto mais ele for capaz de orar,
refiro-me ao autêntico orar.

A Oração que é Serviço do Próximo
Albert Schweitzer (1875-1965)

Sem compreender a significação do universo, eu ajo sob o impulso de uma necessidade interior de meu ser, de maneira a criar valores e a vivê-los de acordo com uma ética.

Pois é afirmando a vida, segundo esta ética, que eu realizo a universal vontade de viver que se revela em mim.

Eu vivo minha vida em Deus, nesta misteriosa personalidade divina que não posso descobrir no mundo, mas somente em mim mesmo, como um impulso misterioso.

A ética do respeito à vida exige que, de uma maneira ou de outra, em qualquer setor, vivamos todos como homens dedicados uns aos outros.

Pesquisem... e vejam se não existe algum setor em que possam dar forma à sua humanidade.

Desde minha infância, por exemplo, meu direito de ser feliz me atormentava e eu não chegava a aceitá-lo como uma coisa natural, em face do sofrimento que existe no mundo...

E, um dia, numa bela manhã de Pentecostes, acordei com o pensamento de que não deveria aceitar este favor do destino sem dar alguma coisa em troca. Naquela manhã, enquanto os pássaros cantavam lá fora, eu fiz a mim mesmo a seguinte proposição: tendo já consagrado trinta anos de minha vida aos estudos, eu deveria, doravante, até o último dia de minha existência, servir a humanidade.

Eu havia encontrado a resposta, oculta na palavra de Jesus:

"Quem se prende à sua vida, perdê-la-á, mas aquele que perder a sua vida, por meu amor, achá-la-á."

Aquele que reconhecer que a idéia do amor é o raio de luz espiritual que nos atinge do Infinito, deixa de exigir que a Religião lhe ofereça o conhecimento completo do mistério divino...

Pelo conhecimento de sua existência espiritual em Deus, graças ao amor, o homem possui o elemento indispensável: "o amor nunca falha", diz São Paulo.

Que Todos Possam Ver-te em mim Também!

Dag Hammarskjöld

Secretário-geral das Nações Unidas, morto em acidente aéreo, no Congo, em 1959.

Ó Cristo,
Como é incrivelmente grande o que recebi
e como é insignificantemente pequeno o que tenho a sacrificar!

Deste-me esta solidão da qual não posso evadir-me
para que me fosse mais fácil entregar-te tudo?

Que teu nome seja santificado,
e não o meu.
Que teu reino se estabeleça,
e não o meu.

Que tua vontade se faça,
e não a minha.

Tu, que estás acima de tudo,
mas que és também um de nós,
tu, que estás também em nós,
que todos possam ver-te em mim também!
Possa eu preparar o teu caminho,
Possa eu agradecer-te por todos os dons,
possa eu nunca esquecer as necessidades dos outros...

Guarda-me em teu amor,
assim como queres que todos sejam conservados no meu amor.

Alegra-te se Deus pôde servir-se de teus esforços
para realizar sua obra.
Não eu, mas Deus em mim.

Negro Spiritual
Anônimo

I
Rola, Jordão, rola...
Rola, Jordão, rola...
Quero ir para o céu, quando eu morrer;
para ouvir rolar as águas do Jordão.
Ó irmãos, devíamos todos ir para lá...
Sim, meu Senhor,
eu quero estar no teu reino,
lá,
onde rolam as águas do Jordão.

II
Ninguém,
ninguém viu os trabalhos que eu já vi,
ninguém os viu, senão Jesus!
Ninguém passou as penas por que passei,
ninguém as passou senão Jesus.
Glória! Aleluia!
Algumas vezes, estou por cima,
algumas vezes, estou por baixo.
Sim, meu Senhor,
algumas vezes estou mesmo rastejando no chão.
Sim, meu Senhor,
Ninguém,
ninguém viu os trabalhos que eu já vi,
ninguém os viu, senão Jesus!

Oração de uma Camponesa de Madagáscar

Senhor! dono das panelas e marmitas! Não posso ser a santa que medita aos vossos pés. Não posso bordar toalhas para o vosso altar. Então, que eu seja santa ao pé do meu fogão. Que o vosso amor esquente a chama que eu acendi e faça calar minha vontade de gemer a minha miséria.

Eu tenho as mãos de Marta. Mas quero também ter a alma de Maria.

Quando eu lavar o chão, lave, Senhor, os meus pecados.

Quando eu puser na mesa a comida, coma também, Senhor, junto conosco. É ao meu Senhor que eu sirvo, servindo minha família.

Oração sem nome

O autor deste poema, quem o sabe? Foi encontrado, em pleno campo de batalha, no bolso de um soldado americano desconhecido; do rapaz estraçalhado por uma granada, restava apenas intacta esta folha de papel.

Escuta, Deus:
jamais falei contigo.
Hoje quero saudar-te. Bom dia! Como vais?
Sabes? disseram que tu não existes,
e eu, tolo, acreditei que era verdade.
Nunca havia reparado a tua obra.
Ontem à noite, da trincheira rasgada por granadas,
vi teu céu estrelado
e compreendi então que me enganaram.
Não sei se apertarás a minha mão.
Vou te explicar e hás de compreender.
É engraçado: neste inferno hediondo
achei a luz para enxergar teu rosto.
Dito isto, já não tenho muita coisa a te contar:
só que... que... tenho muito prazer em conhecer-te.
Faremos um ataque à meia-noite.
Não sinto medo.
Deus, sei que tu velas...
Ah! é o clarim! Bom Deus, devo ir-me embora.
Gostei de ti, vou ter saudade... Quero dizer:
será cruenta a luta, bem o sabes,
e esta noite pode ser que eu vá bater-te à porta!

Muito amigos não fomos, é verdade.
Mas... sim, estou chorando!
Vês, Deus, penso que já não sou tão mau.
Bem, Deus, tenho que ir. Sorte é coisa bem rara:
Juro, porém: já não receio a morte...

Um Negro Banto Reza a Via-Sacra ao seu Modo

Jesus, chefe mais poderoso de todos, a cor de minha pele é preta, mas o senhor não me olha com desprezo, como o fazem tantos homens.

Sabe o senhor que fui mandado para o curral, para misturar terra com o esterco de bois.

Estou vivendo na cidade dos brancos. Cuido do jardim de meu patrão e faço a limpeza das máquinas de engenho. O senhor pode ouvir meus passos pela estrada. Sou servo que sabe acompanhar o seu patrão. Por isso, deixe-me agora acompanhar o senhor, por um momento.

Meu chefe, Jesus, vejo o senhor diante da cara branca de Pilatos. Seus pensamentos são falsos como o cachorro dos pampas, quando vê o leopardo. As palavras que saem da sua boca cheiram a injustiça. Injustiça! Eu entendo bem esta palavra. Nem posso mais ouvi-la.

Seu pé ferido deve ter batido contra uma pedra dura. Grande chefe, vejo o senhor cair! Foi para mim! A cruz pesada caiu em cima do senhor e nenhuma blasfêmia saiu por entre os dentes brancos de sua boca. O senhor viu minhas costas pretas que virei tantas vezes para o senhor. Caindo, ainda me amou.

Dê-me um coração tão largo como o Vale do Rio dos Elefantes. Tire o ódio do meu coração. Não quero que a ira torne o meu coração revoltoso. Segure os meus punhos cerrados que querem bater o inimigo na cara.

O senhor lançou um breve olhar sobre a bela mulher que é a sua mãe. Os olhos dela são tão meigos como a pele de um persa, e o seu rosto tão sublime como o da rainha. Ela pôs coragem no seu coração, tirando dele a tristeza amarga.

A vida dolorosa do meu povo é tão longa como o deserto de Kalacari. Precisamos da senhora que o ajudou. Por favor, dê um lugar à sua mãe no centro de nossa aldeia. Dê-lhe a mais bonita cabana, para que ela fique conosco...

Gosto de você, camponês de Cirene. Você levou a pesada cruz, um bom pedaço, para o Senhor Jesus. Você é melhor do que eu.

Jesus, quando não consigo mais puxar a carroça pelas ruas de Joanesburgo, mostre-me o camponês Simão. Dê-me pulmões cheios de ar puro, para que possa correr. Dê-me força aos meus pés nus e bons músculos, para que não fique cansado...

O sol quente provocou o suor em sua testa. E lá aparece a boa Verônica. A toalha cobriu sua cara de chefe. E o senhor foi tão agradecido. Dê a todas as nossas mulheres o amor de Verônica. Que tenham a coragem de apresentar para o senhor as mais belas toalhas.

Jesus, sei que também na sua segunda queda o senhor pensou em mim. Meus pecados são tão pesados como as pedras de granito do Rio Pinar. Não posso deixar de beber. A cerveja preta é tão gostosa. E muitas vezes também vendo cerveja um pouco cara demais.

É verdade, estou casado e comprei minha esposa por dez touros. Mas ela não pode morar comigo na cidade. O senhor sabe que visitei muitas vezes a pequena de olhos grandes, que trabalha perto da casa do Judeu. Fico envergonhado diante do senhor e tenho medo. Perdoe-me, Senhor!

Meu Jesus, o seu corpo estendido é como o meu povo preto. Está deitado no chão. Escutam-se as batidas dos martelos. O sangue sai para todas as partes do mundo. Mas sempre nos cortamos a própria carne. Lutamos contra o alto preço das batatas e não comemos batatas. Centenas de pessoas são despedidas do trabalho e não têm mais dinheiro. Compreendo muito bem, Jesus, o que significa "ficar deitado no chão". Ficar pregado. Compreendo isto muito bem!

Deixe-me ajoelhar diante do senhor, cheio de amor para com todas as raças. Ao lado branco, quero ajoelhar diante da cruz e agradecer. Quero enterrar o ódio atrás do campo de milho. Neste momento estamos todos reunidos diante do senhor. Vejo derramar a última gota de sangue. Estou escutando o senhor balbuciar que é para mim e para os seus irmãos brancos. E sua boca, senhor, se prepara para dar um beijo em cada cor de pele...

Surge nova aurora. Sua via-sacra é esperança para o meu povo. O aloé em flor mostra o caminho para o alto. A cruz, na igreja da selva, anuncia o fim do nosso medo, o medo dos espíritos, que prendeu a nossa vida durante tantos anos. A paz e a alegria, o desejo do alto, vem com o homem de batina preta, que nos trouxe a cruz. A cobra-verde pendurada na árvore silvestre não nos amedronta mais como antes. O leopardo não pode tirar a alma de nosso corpo. A seca dos campos de milho pode somente fazer o nosso coração bater mais devagar na morte de fome, mas não nossa alma. É isso que diz o seu sacerdote. E nós cremos. Vida nova surge em nossa aldeia. Vem sem o nosso merecimento como a bola do sol de manhã.

Jesus, chefe mais poderoso de todos, a cor de minha pele é preta, mas o senhor não a olha com desprezo, como o fazem tantos outros. Minha alma seja branca. Deixe-me andar com o senhor. Fique em nossa aldeia. E eu serei seu servo para sempre!

Filho Pródigo
Jorge de Lima (1898-1953)

Nas engrenagens das fábricas
bolem — como vermes — os dedos decepados dos operários.
Há intestinos rotos de crianças
nos vaivéns do correame das oficinas.
A cor e a alegria das moças empregadas
dissolvem-se na alegria monótona dos teares.
O avião comeu a saudade das mães
que a distância separou dos filhos vagabundos.
Há máquinas que cegam os adolescentes
ansiosos de ver o progresso do mundo.
Um homem teve medo de enlouquecer,
perseguido pela força e pelo orgulho
das máquinas assassinas.

Cadê a luz trêmula de vela
pra alumiar o meu poema antigo?

O lirismo perdeu a sua liturgia.
As lâmpadas Osram velam funebremente e poesia.
Ah! existe uma tristeza na terra
que nem lágrimas produz
de sua esterilidade tão seca.

Eu sou um corpo distraído,
bóiam os meus olhos pelas superfícies,
mas os meus olhos correm mais perigo
do que se andassem em acrobacias contemplativas,
pulando no alto do céu, perto das estrelas...

Venho de longe,
ando há muitos séculos a pé.

Ensina-se de novo a ficar de joelhos,
que já é tarde e eu quero me deitar.

À Procura do Natal

Augusto Frederico Schmidt (1906-1965)

Caminharei em busca do presépio
a noite inteira, meu Senhor.
Não haverá, porém, nenhuma estrela,
para guiar meus passos.
Todas as estrelas estarão imóveis
no céu imóvel.

Caminharei em busca do presépio,
a noite inteira, meu Senhor.
As estradas, porém, estarão solitárias,
tudo estará adormecido,
as luzes das casas, apagadas,
as vozes dos peregrinos terão morrido
na distância sem fim.

Caminharei ansioso à tua procura,
mas estarei tão atrasado,
o tempo terá caminhado tão na minha frente,
que me será difícil encontrar teu recanto humilde...
Cansado, encontrarei grandes cidades,
mas a tua cidade, Senhor, terá desaparecido...

Muitos se rirão de mim, sabendo que te procuro

Não haverá nenhuma estrela
para mostrar o lugar em que te encontras.
Todas as estrelas estarão imóveis no céu...

Vi Nascer um Deus

Carlos Drummond de Andrade

O Cristo é sempre novo, e na fraqueza deste menino
há um silencioso motor, uma confidência e um sino.

Nasce a cada dezembro e nasce de mil jeitos.
Temos de pesquisá-lo até na gruta de nossos defeitos.

* * *

Inventou-se menino para ser ao menos contemplado,
senão querido (pois amamos o nosso modo limitado)

e de criança temos pena, porque submersos garotos
ainda fazem boiar em nós seus barcos rotos.

* * *

Ó lapinha,
menino de barro,
deus de brinquedo,
areia branca de córrego,
musgo de penhasco,
Belém de papel,
primeira utopia,
primeira abordagem,
do território místico,
primeiro tremor.
Vi nascer um Deus.
Onde, pouco importa.
Como, pouco importa.
Vi nascer um Deus,
em plena calçada,
entre camelôs;
na vitrine da butique
sorria ou chorava,
não sei bem ao certo;
a luz da boate
mal lhe debuxava
o mínimo perfil.
Vi nascer um Deus
entre embaixadores,
entre publicanos,
entre verdureiros,
entre mensalistas,
no Maracanã,

em Para-lá-do-Mapa,
quando os gatos rondam
a espinha da noite,
os mendigos espreitam
os inferninhos
e no museu acordam as telas
informais
e o homem esquece
metade da ciência atômica:
vi nascer um Deus.
O mais pobre,
o mais simples.

Meu Natal
Paulo Gomide

Dos berços de linho e seda
aos ninhos de palha podre,
onde houver uma criança
ou um coração de criança
aí será o meu Natal.

Não no coração dos ricos
que me exploram, que me ofendem,
que me ignoram, que me vendem
quando aos pobres fazem mal;
não nas mesas dos tiranos,
dos perversos, dos falsários,
dos que matam, dos que enganam,
dos que abusam dos ingênuos
para os fins mais desumanos
como as guerras que se tramam
com as armas mais letais;
não nos corações malditos
que me compram, que me escambam,
que me afligem nos aflitos
e perseguem aos que eu amo:
Estes não terão Natal.

Meu Natal é dos humildes,
é o Natal das lavadeiras,
dos porteiros, dos mendigos,
dos polícias, dos serventes,
dos garis, dos faxineiros,
das enfermeiras que velam,
das professoras que educam,
dos salva-vidas que salvam,
dos que criam, dos que zelam
pelos velhos que caducam:
Estes sim, terão Natal.
Meu Natal é dos que sofrem;
dos doentes incuráveis;
das amadas esquecidas;
dos loucos irresponsáveis
e das crianças perdidas.

Meu Natal é dos que lutam
para viver nas cidades,
nos sertões despovoados,
nas casas e nos casebres,
nos abrigos e orfanatos,
nas pocilgas e masmorras,
nos hospícios e hospitais,
nos porões e nos albergues,
nas celas dos condenados,
nas celas dos consagrados,
nos berçários, nas igrejas,
nas falas dos namorados,
nos presentes, nos brinquedos,
mas sobretudo no homem,
sim, nos filhos das mulheres.

Onde houver uma criança
ou um coração de criança,
aí será o meu Natal.
Estarei por toda parte:
nas penas dos que trabalham,
nas portas das que se vendem,
nas lágrimas dos que choram,
nos corações dos que cantam,
nos olhares dos dementes.

Nos beliches e nas redes,
nas esteiras e nas camas,
sob os tetos, sob as pontes,
sob as pedras, sob as luas,
nos seios das que amamentam,
nos ventres das que me esperam,
na angústia das que me abortam,
no esquife das que morreram,
onde houver uma criança
ou um coração de criança,
aí será o meu Natal.

Crer mas sem Crer

Jules Supervielle (1884-1960)

E para bem conhecer minha estrada,
fico escutando, pálpebra cerrada.
Sim, acredito que é bem pelo ouvido
que Deus avança, sem pressa, tranqüilo
e que meu condutor, surpreendido,
quando Ele chega fica assim a ouvi-lo,
— quando Ele chega sem pedir licença,
pois eu não daria (é o que Ele pensa!).
E eu que na prece não acredito
deixo-o aqui livre, solto, expedito.
Que outro remédio eu teria afinal
eu que não passo de um homem trivial?
Resistiria então? Mas quem resiste
a alguém que vem de tão longe e assiste,
modestamente chega e se instala
sem discussão bem no fundo da sala
no fundo das casas e dos dilemas,
invisível, mas alguém que te fala
sobre os teus mais recônditos problemas?

Meu Deus
Jules Supervielle

Ó abismo profundo e escuro,
não queres que eu esteja seguro.
Não são planos teus caminhos
ocultas-te em mil escaninhos,
fechado como um botão
de rosa, na escuridão.
Teu perfume tu recusas
na impassibilidade,
meu coração se usa,
falando na vacuidade.
É assim que se acompanha
a quem pede um companheiro?
Serás um deus de montanha
na neve imerso inteiro?
Por que deixar-me de pé,
neste pesado envoltório,
é para que me ajoelhe
que não ofereces genuflexório?
Deus tantas vezes difícil
tantas vezes oprimido
atraente, triste, hostil,
não, porém, totalmente.
És o único Deus que mereço.

Oração para a Hora da Morte
Salmon Malebranche (1965)

Senhor,
conheces desde sempre a morte,
entretanto estremeceste quando ela se aproximou,
relembra tua agonia, tu o forte dentre os fortes
e perdoa meus gritos e gestos de fantoche,
quando chegar meu fim.

Lembras-te daquele jardim imerso na noite escura,
quando o pai permaneceu surdo a teus clamores?
Acode, Senhor, à angústia suprema,
que me sacudirá na fraqueza e no medo,
ao receber tua última unção.

Relembra o cálice amargo, a estocada da lança
e a compaixão de tua mãe;
perdoa minhas lágrimas
e sê indulgente à minha última revolta,
pensando no calvário, em que, tu, Senhor,
foste tão semelhante a cada um de nós.

Oração às Máscaras

Léopold Sédar Senghor

Máscaras! ó máscaras!
Máscara negra, máscara vermelha, e vós, máscaras preto-e-brancas.
Máscara de quatro pontas, por onde o espírito respira,
Eu vos saúdo no silêncio!
E vós, Ancestral de cabeça de Leão,
guardareis este lugar proibido a qualquer riso de mulher,
a qualquer sorriso que definha,
destilais este ar de eternidade, onde respiro o ar
de meus antepassados.
Máscaras de face sem máscara,
despojadas de sulcos ou de rugas,
que compuseram esta imagem,
este meu rosto pendido sobre o altar
de papel branco,
à vossa imagem, escutai-me:

Eis que morre a África dos impérios
— é a agonia de uma princesa que dá pena —
E também a Europa, a quem estamos ligados pelo umbigo,
fixai vossos olhos imóveis nos vossos filhos,
que dão sua vida como o pobre dá sua última roupa.
Respondamos "presente" à renascença do mundo,
como fermento necessário à farinha branca.

Pois quem ensinará o ritmo ao mundo morto das máquinas e dos canhões?
Quem poderia gritar de alegria para despertar mortos e órfãos para a aurora?
Dizei:
Quem poderia devolver a memória da vida do homem de esperanças dilaceradas?
Eles nos chamam homens do café, do algodão, do óleo.
Eles nos chamam homens da morte.
Nós somos os homens da dança
cujos pés recuperam o vigor
batendo duro no chão duro.

Diálogo com os Marxistas sobre a Religião

Karl Marx (1814-1870)

"A Religião é o *ópio do povo*. É como a vodca espiritual por meio da qual os escravos do capital abafam sua personalidade humana e suas reivindicações dos homens vivos e dignos. Não é um ópio para o povo, mas o ópio do povo, neste sentido, que a religião não é o produto fabricado por um grupo de aproveitadores a fim de dopar o povo e explorá-lo. Ela é o narcótico que o próprio povo fabrica e ingere, como estupefaciente para ajudar a suportar sua infelicidade." *O Capital.*

R. Garaudy (1939)

"Através das séries de alienações e de lutas que os homens devem superar, a necessidade se torna propriamente humana, isto é, social. Quando o homem supera a alienação, ele se realiza plenamente. Mas as necessidades que ele deve satisfazer não serão mais unicamente as necessidades biológicas que o incitavam no começo — a fome, a revolta contra a dor. É a necessidade da totalidade da Vida." *Perspectives de l'homme* — Paris — 1939 — p. 319.

Pier Paolo Pasolini

Novelista e cineasta italiano, marxista — 1964.

"Há duas coisas certas: 1ª — Uma filosofia atéia não exclui o respeito à religião; 2ª — Uma filosofia atéia não é a única filosofia possível do marxismo." *Temoignage chrétien* — 23-IX-1965.

Fougeyrollas

Filósofo marxista revisionista — contemporâneo.

"O entendimento humano, a meu ver, não é capaz de realizar, por seus próprios meios, a descoberta do sentido da história. Ela pode ser recebida como uma revelação, no sentido religioso da palavra. De fato, ela não pode ser o resultado de um exame científico, pois este se esgota, no momento mesmo em que se lhe propõe, a título de hipótese, a idéia de uma direção da história. Professando um ateísmo radical, o marxismo não admite o recurso à revelação religiosa. Mas sua pretensão em descobrir uma significação no acontecimento histórico deve também ser rejeitada. Ela deve provocar o exame dos resíduos metafísicos que ela, o acontecimento, traz em si mesma, sem admiti-los quanto ao que eles são na realidade." *Le Marxisme en question* — p. 91.

Dom Guerra

Bispo espanhol, no Concílio Ecumênico — 1965.

"Os marxistas, pelo fato mesmo de que desejam a plenitude da realidade humana, devem ser convidados a considerar a tendência para Deus não como uma alienação mas como uma perfeição dinâmica do homem. Muitos, aliás, reconhecem, por um estudo objetivo da história, esta influência da religião como fator de promoção de ascensão da humanidade. Apenas um fato basta para demonstrá-lo: a extraordinária atuação sobre o mundo contemporâneo de um homem simples como João XXIII, que soube aliar seu espírito de fé a suas notáveis qualidades de vivência humana."

Jean Cardonnel

Dominicano, em um encontro entre marxistas e cristãos — 1964.

"Dizeis que a aposta está coberta. Estamos de acordo na luta contra as alienações de toda espécie e delas não excluo a alienação religiosa, enquanto esta alienação significa para o homem um esvaziamento de si mesmo pela submissão a um absoluto que lhe é estranho e que lhe é imposto. Para vós, marxistas, no fim do combate, a própria religião deveria automaticamente desaparecer. A mim atribuís a certeza da vitória de uma religião depurada. Não é verdade, eu creio também na morte de uma religião que seria concebida como uma transcendência dominadora que mutila o homem. Desaparecendo, esta religião cederia o lugar à manifestação esplêndida e universal do "acontecimento Jesus-Cristo", Revelador da Verdadeira Face de Deus e, por isso mesmo, revelador de todo o homem, aberto a tudo o que é humano, ao homem divinizado."

A Alma do Cinema

Federico Fellini

Acusaram-me de fugir à realidade e de refugiar-me no sonho. Penso que não se pode considerar a realidade como um panorama de uma superfície única, pois uma paisagem tem várias espessuras. E a mais profunda — aquela que somente a linguagem poética pode revelar — não é a menos real.

Quero ir além da epiderme das coisas.

Chamam a isso o gosto do mistério.

Aceito de bom grado esta expressão, com a condição de escrevê-la com M maiúsculo. Não me refiro a um certo mistério, cultuado por alguns, e que não passa de um sucedâneo poético com que querem salpicar a realidade. Para mim, este Mistério é o mistério do homem, as grandes linhas irracionais de sua vida espiritual: o amor, a salvação, a redenção, a encarnação... No centro dessas espessuras sucessivas está Deus, que, para mim, é a chave dos mistérios.

Creio que Jesus é não somente o maior personagem da História da Humanidade, mas que ele continua a sobreviver em todo aquele que se sacrifica pelo seu próximo.

Ignoro os dogmas católicos. Sou, talvez, um herege.

Meu cristianismo é bruto.

Não freqüento os sacramentos.

Mas penso que a oração poderia ser considerada como uma ginástica, que nos aproximaria cada vez mais do sobrenatural. Pratiquei-a antigamente. Agora, só sei rezar na hora do medo e da tristeza.

É preciso saber rezar na hora da alegria.

Entrevi o caminho certo da salvação.

Antes, a religião era, para mim, uma simples suspeição da alma. Um dia, encontrei um anjo que me estendeu a mão. Segui-o. Mas, depois de ter dado alguns passos, deixei-o e voltei atrás. Ele, porém, permaneceu em pé, no mesmo lugar, esperando-me. Eu o revejo, nos momentos de sofrimento, cada vez um pouco mais envolto em brumas. Eu lhe digo: *"aspetta"*, *"aspetta"*, como eu o faço com qualquer um.

Receio que, um dia, eu o chame e não mais o possa encontrar.

Mais do que Jesus, o anjo foi sempre aquele que me desperta do meu torpor espiritual.

Quando eu era criança, ele era a encarnação de um mundo fantástico.

Depois, ele se tornou a encarnação de uma urgência moral.

Hino à Matéria
Teilhard de Chardin (1881-1955)

Bendita sejas tu,
áspera matéria.
terra estéril,
dura rocha,
que cedes apenas à violência
e nos forças a trabalhar,
se quisermos comer.

Bendita sejas,
poderosa matéria,
evolução irresistível,
realidade sempre nascendo,
que a cada momento fazes em estilhaços nossos limites
e nos obrigas a procurar
cada vez mais profundamente a verdade.

Bendita sejas,
matéria universal,
éter sem fronteiras,
triplo abismo das estrelas

dos átomos e
das gerações,
Tu,
que dissolvendo e transbordando
nossas estreitas medidas,
nos revelas as dimensões de Deus.

Bendita sejas,
impenetrável matéria,
tu que és tensão entre nossas almas
e o mundo das essências
e nos fazes definhar
com o desejo de romper o véu dos fenômenos.

Bendita sejas,
matéria imortal.
Tu,
que, desagregando-te um dia em nós,
nos induzirás, forçosamente,
no íntimo daquilo que é.

Sem ti, matéria,
sem teus combates,
sem teus dilaceramentos,
viveríamos inertes,
estagnados,
pueris,
ignorantes de nós mesmos
e de Deus.

Tu que feres e que curas,
tu que resistes e que cedes,
que aprisionas e libertas,
tu que desmoronas e constróis,
seiva de nossas almas,
mãe de Deus,
carne de Cristo,
matéria,
eu te bendigo.

Eu te bendigo e te saúdo,
não como te descrevem,
diminuída ou transfigurada,
os pontífices da ciência
e os pregadores da virtude.
Um amontoado — dizem eles —
de forças brutais ou
de apetites baixos,
mas
como me apareces hoje,
na totalidade da tua verdade.

Eu te saúdo,
inesgotável capacidade de ser e de transformação,
onde germina e cresce
a substância escolhida.

Eu te saúdo,
universal poder
de aproximação e de união,
por onde se comunicam a multidão das moléculas
e a quem todas convergem,
em marcha para o espírito.
Eu te saúdo,
matriz harmoniosa das almas,
límpido cristal,
do qual será tirada a Nova Jerusalém.

Eu te saúdo,
meio divino,
carregado de poder criador,
oceano agitado pelo espírito,
argila modelada
e animada pelo Verbo encarnado.

Crendo obedecer ao teu irresistível apelo,
os homens se precipitam muitas vezes,
por teu amor,
no abismo externo dos prazeres egoístas.
Um reflexo os engana,
ou, então,
um eco.

Mas,
agora eu vejo.
Para te atingir, matéria,
é preciso que,
partindo de um contacto universal,
com tudo o que se move,
sintamos,
pouco a pouco,
esvair-se entre nossos dedos,
as formas particulares de tudo que seguramos,
até que retenhamos,
apenas,
a única essência
de todas as consistências e de todas as uniões.

Se quisermos te possuir,
temos que te sublimar
na dor,
após te termos, volutuosamente,
apertado nos braços.
Tu reinas, matéria,
nas serenas alturas,
onde imaginam evitar-te
os santos.
Carne tão transparente e móvel
que não te distinguimos mais de um espírito.

Leva-me para o alto, matéria,
pelo esforço,
a separação
e a morte.
Leva-me para onde for possível,
enfim,
abraçar castamente
o universo.

Oração
Teilhard de Chardin

Ó Cristo Jesus,
carregais verdadeiramente em vossa humanidade
toda a implacável grandeza do mundo.
E é por isso,
por essa inefável síntese realizada em vós,
e que nossa experiência e nosso pensamento
jamais
ousaram reunir para adorar em conjunto:
o elemento e a totalidade,
a unidade e a multidão,
o espírito e a matéria,
o infinito e o pessoal,
é pelos contornos indefiníveis que esta complexidade
dá à vossa Face e à vossa Ação,
que meu coração,
cativado pelas realidades cósmicas,
se dá apaixonadamente a vós.

Eu vos amo, Jesus,
pela multidão que te abriga
dentro de voz,
e que ouço, com todos os outros seres,
falar,
rezar,
chorar,
quando me junto a vós.

Eu vos amo
como a fonte,
o meio ativo e vivificante,
o termo e a solução do mundo, mesmo natural,
e o seu futuro.

Centro,
onde tudo se encontra
e que se dilata sobre todas as coisas,
a fim de as concentrar em si,

eu vos amo
pelos prolongamentos de vosso corpo e de vossa alma,
em toda a criação, pela graça,
pela vida,
pela matéria.

Jesus,
doce como um coração,
ardente como uma força,
íntimo como uma vida,
Jesus,
em quem posso me fundir,
com quem devo dominar
e me libertar;
amo-vos
como dum mundo,
como do mundo que me seduziu.
Sois vós,
— vejo agora —
que os homens, meus irmãos,
até os que não crêem,
sentem e procuram,
através da magia do grande Cosmo.

Jesus,
centro para onde tudo se dirige,
dignai-vos dar a todos
— se possível —
um lugar entre as moléculas escolhidas e santas,
que, desprendidas,
uma a uma,
do caos atual,
por vossa solicitude se agreguem,
lentamente,
em vós,
na unidade da nova terra.

Isaías, XXI

Vigia, o que é da noite?
Diz o vigia:
A manhã vem, e também a noite.
Se queres indagar, indaga:
Retorna, volta outra vez.

Salmo 22
Ernesto Cardenal

Meu Deus, meu Deus, por que me desamparaste?
Tornei-me caricatura.
O povo me despreza.
Zombam de mim em todos os jornais.
Tanques me cercam,
metralhadoras são apontadas na minha direção,
aprisiona-me o arame farpado, eletrificado.
Fazem chamada todos os dias,
fui numerado a ferro em brasa
e fotografado atrás das grades.
Dá para contar meus ossos, como se fosse
radiografia.
E tiraram meus documentos,
arrastaram-me nu à câmara de gás
e distribuíram minha roupa e sapatos entre si.
Imploro por morfina, mas ninguém me ouve.
Fico gritando, apertado pela camisa-de-força.
Grito a noite inteira no hospício,
na enfermaria dos incuráveis,
no isolamento das doenças contagiosas, no asilo.
Na clínica psiquiátrica luto contra a morte,
banhado de suor.
Sufoco em plena tenda de oxigênio,
choro na delegacia,
no pátio da prisão,
na câmara de torturas
e no orfanato.
Estou contaminado de radiatividade

e todos me evitam, com medo de contágio.
Mas falarei a meus irmãos a Teu respeito.
Vou Te louvar em nossas reuniões.
Meus cânticos vão ser entoados por um grande povo.
Os pobres vão fazer banquete.
O povo que ainda vai nascer,
nosso povo,
vai fazer grande festa!

Dom Pedro Casaldáliga

Não ter nada.
Não levar nada.
Não poder nada.
Não pedir nada.
E, de passagem,
não matar nada,
não calar nada.
Somente o Evangelho, como uma faca afiada.
E o pranto e o riso no olhar
E a mão estendida e apertada.
E a vida, a cavalo, dada.
E este sol e estes rios e esta terra comprada,
como testemunhas da Revolução já estalada.
E mais nada!

Pai Nosso
Leonardo Boff

PAI,
não sois primeiro nosso juiz e Senhor, mas
Nosso Pai
porque ouvis o clamor de vossos filhos oprimidos.
Que estais no céu
para onde se dirige nosso olhar na luta.
Santificado
seja Vosso agir libertador contra os que oprimem Vosso Nome
Venha a nós

a Vossa Justiça a começar pelos empobrecidos.
Seja feita
a Vossa Libertação que principia na Terra e termina no Céu.
O pão nosso de cada dia,
que juntos produzimos, dai-nos juntos comê-lo.
Perdoai-nos
a nosso egoísmo na medida em que combatemos
o egoísmo coletivo.
E não nos deixeis cair na tentação
de explorar e acumular.
Mas livrai-nos
da vingança e do ódio contra o mau que oprime e reprime.
Amém

Neil Armstrong
Primeiro astronauta a pisar na Lua

"Tornei-me consciente de uma peculiar sensação da dualidade do tempo — a vertiginosa torrente de acontecimentos que caracteriza nossa vida e o desfile convincente que marca o envelhecimento do universo. Ambas as espécies de tempo eram evidentes. A primeira, pelos aspectos rotineiros do vôo, cujo planejamento e execução foram detalhados a frações de segundo. A última, pelas rochas ao nosso redor, imutáveis, através da história do homem. O homem precisa entender o seu universo a fim de entender seu destino."

Índice Cronológico e Bibliográfico

A respeito dos problemas abordados na introdução geral, poder-se-á consultar:

Bouyer, Louis: *Le Rite et l'homme*, Paris, Éditions du Cerf, 1962.
Brillant, M. e Aigrain, R.: *Histoire des Religions*, Paris Bloud & Gay, 1953.
Gardet, L.: *Thèmes et textes mystiques*, Paris, Alsatia, 1957.
Heiler, Fr.: *Das Gebet*, Munique, 1923.
Mircea Eliade: *Traité d'Histoire des Religions*, Paris, Payot, 1949.
O Sagrado e o Profano, Lisboa, L. B. L., 1960.
Müller, Max: *Last Essays*, Londres, 1901.
Otto, Rudolph: *Le Sacré*, Paris, Payot, 1949.
Soustelle, J.: *Histoire Générale des Religions*, Paris, Quillet, 1948.
Van der Leeuw: *La Religion dans son essence et ses manifestations*, Paris, Payot, 1955.

Foram selecionadas algumas das mais representativas entre as numerosas orações dos povos ou grupos primitivos atualmente existentes nos cinco continentes da terra, recolhidas por antropólogos e missionários, segundo os métodos científicos de pesquisa sociológica moderna.

Além do livro, aliás já ultrapassado, de Fr. Heiler, citado acima, poder-se-á consultar a respeito:

Bergounioux, F. e Goetz, J.: *Les religions des pre-historiques et des primitifs*, Paris, Arthème Fayard, 1958.
Cadogan, Léon: *Ayvu Rapyta* (textos míticos de los Mlya — Guarani), São Paulo, 1959.
Di Nolla, Alfonso M.: *La preghiera de l'uomo,* Parma, 1957.
Métraux, A.: *La religion des tupinamba*, Paris, 1928.

Schaden, Egon: *A Mitologia Heróica de Tribos Indígenas do Brasil*, Rio de Janeiro, Departamento de Imprensa Nacional, 1959.

Trilles, R. P.: *L'âme du pygmée d'Afrique*, Paris. Éditions du Cerf, 1945.

A oração ao deus Hila dos esquimós foi recolhida através de uma reportagem do etnólogo Rasmussen.

3. *Civilizações Sacrais do Ocidente*.. 33-39

Sobre as religiões dos astecas, maias, toltecas, etc., ver:

Soustelle, J.: *Histoire générale des religions*, Paris, Quillet, 1948 (vol. I).

La pensée cosmologique des anciens méxicains, Paris, 1940.

Sobre os incas, quíchuas, etc., indicamos:

Baudin, L.: *Histoire des religions*, Paris, Bloud & Gay, 1955, vol. V.

Métraux, A.: *Les Incas*, Paris, Payot, 1952.

Os hinos a Viracocha foram recolhidos, no século XVI, por Cristóbal de Molina.

As orações astecas e maias foram tiradas do livro de Chilam Balam de Chumayel (século XVI).

4. *Civilizações Sacrais do Oriente*.. 41-56

Mesopotâmia:

Os textos incluídos retratam as crenças religiosas da Babilônia (3º milênio a.C.). Estas, por sua vez, refletem os mitos dos sumerianos (5º e 4º milênios a. C.), que foram conservados, com algumas alterações, pelos assírios (2º e 1º milênios a.C.).

Da imensa literatura que suscitaram, merecem destaque:

Bottero, J.: *La Religion Babylonienne,* Paris, Presses Universitaires de France, 1952.

Dhorme, E.: *Les religions de Babylone et d'Assyrie*, Paris, Mana, 1945.

Choix de textes religieux assyro-babyloniens, Paris, Gabalda, 1922.

Egito antigo:

O hino a Âmon-Râ data do tempo de Amenófis III e foi composto por ocasião da construção do templo de Ra-Harackti, em Tebas (1400 a.C.).

O hino a Aton de Akenaton ou Ikunaton (o servidor de Aton), nome tomado por Amenófis IV quando empreendeu a sua famosa revolução religiosa monoteísta, tem data precisa (1370 a.C.).

Entre outras obras, poder-se-á consultar sobre o assunto:

Driotton: *Le monothéisme égyptien,* Paris, 1950.

Morenz, E.: *La religion égyptienne,* Paris, Payot, 1964.

Vandier: *La religion égyptienne,* Paris, Mana, 1949.

Índia:

Há uma literatura imensa sobre as religiões da Índia. Citamos apenas alguns textos do *Rigveda*, livro sagrado do Bramanismo (compilado entre 1000 e

800 a.C.), e da *Bhagavad-Gita* (Sublime Canção), capítulo da célebre epopéia Mahabhárata, que data do 1º século cristão, embora inclua doutrinas e pensamentos anteriores. Deixamos, propositadamente, de lado outras correntes religiosas, como o Jainismo, o Budismo, etc., que exprimem melhor a sabedoria humana e se abstraem dos livros revelados.

Consultar a respeito:

Gathier, E.: *La pensée hindoue*, Paris, Éditions du Seuil, 1960.

Lacombe, O.: *Chemins de l'Inde*, Paris, Alsatia, 1956.

Masson-Oursel, P.: *Les Religions de l'Inde,* in *Histoire des religions,* Paris, Bloud & Gay, 1950 (vol. II).

Renou, L.: *Hymnes et prières du Véda*, Paris, Maison Neuve, 1948.

Rohden, Huberto: *Bhagavad-Gita*, Rio de Janeiro, Livraria Freitas Bastos, 1963.

China antiga:

Sob o título de *O Livro de Laotse*, conserva-se uma coletânea de antiquíssimos poemas ou sentenças da religião chinesa primitiva. Escrita no século V a.C., é atribuída ao misterioso sábio Laotse, cuja vida é lendária. Expõe a doutrina do Tao, a mais original e profunda entre as doutrinas filosóficas e religiosas da China.

Confúcio, que é também da mesma época, é um grande moralista que permanece no plano humano. Embora fosse religioso, dele não possuímos orações importantes.

Sobre a religião da China antiga, aconselhamos:

Granet, M.: *La religion des chinois*, Paris, 1929.

Lin-Yutang: *Sabedoria da China e da Índia*, Rio de Janeiro, Pongetti Editora, s/d.

Maspero, H.: *Mélanges posthumes,* Paris, 1922.

Rotours, R. des: *Histoire des religions,* Paris, Bloud & Gay, 1950 (vol. II).

Pérsia:

Atribui-se a Zaratustra (Zoroastro) a compilação do *Zend Avesta*, o livro sagrado dos iranianos. Na verdade, apenas alguns sermões ritmados, denominados "ghatas", é que podem ser-lhe atribuídos com segurança.

Os outros textos contêm ritos mais antigos da religião ariana do Planalto do Irã e comentários posteriores do masdeísmo.

Além da tradução do *Zend Avesta*, feita por J. Darmesteter, em 1892, leia-se a respeito:

Duchesne-Guillemin: Zoroastro — *Étude critique*, Paris, 1948.

L'âme de l'Iran, Paris, Albin Michel, 1951.

5. Judaísmo 57-66

Citamos somente alguns textos mais sugestivos, dentre os que estão contidos na maior coletânea de orações da humanidade.

Deixamos de lado todos os que têm por demais sabor nacionalista ou particularista.

A mensagem final da literatura judaica, que se encontra tanto no Antigo Testamento, como nos textos de Qumran, na literatura apocalíptica, é francamente universalista.

Sobre o sentimento religioso judaico, leia-se, entre outros:

Beaucamp, E.: *La Bible et le sens religieux de l'univers,* Paris, Éditions du Cerf, 1959.

De Vaux: *Les institutions de l'Ancien Testament*, Paris, Éditions du Cerf, 1958.

Dubarle, A. M.: *Les sages d'Israel*, Paris, Éditions du Cerf, 1946.

Gelin, A.: *Les idées maîtresses de l'Ancien Testament,* Paris, 1949.

Lagrange, M. J.: *La Sainte Bible de Jérusalem,* Paris, Les Éditions du Cerf, 1950 (Profecias de Joel — cap. 2; Jeremias — c.31; Isaías — c. 58; Ezequiel — c. 35; Provérbios — c. 8; Sabedoria, etc.)

Études sur les religions sémitiques, Paris, J. Gabalda, 1905. *Le Judaísme,* Paris, Gabalda, 1928.

Milik, J. T.: *Dix ans de decouvertes dans le dèsert de Juda,* Paris, Éditions du Cerf, 1957.

Vincent, A.: *Les manuscrits du dèsert de Juda,* Paris, 1955.

Mohammad ben Hachim (570-632), segundo a tradição, recebeu em 610/612, ditada pelo Anjo Gabriel, a revelação do Corão. O profeta, porém, nada escreveu. Foi só mais tarde, de 622 a 623, que, em Meca e Medina, seus discípulos consignaram por escrito as famosas "suratas", que formam a Bíblia do islã e onde se inspiraram os grandes filósofos ou místicos muçulmanos da Síria, Mesopotâmia, Pérsia, Egito, Espanha, tais como Avicena, Algazel, Al Halladj, Al Farid, etc.

Consulte-se a respeito:

Demerghem, E.: *Mahomet et les traditions islamiques*, Paris, Éditions du Seuil, 1957.

Vie des saints musulmans, Paris, Seuil, 1942.

Les plus beaux textes arabes, Paris, Seuil, 1945.

Gardet, L.: *Expériences mystiques en terre non-chrétienne,* Paris, Alsatia, 1953.

Gardet, L. e M. Anawati: *Introduction à la théologie musulmane*, Paris, Alsatia, 1948.

Khavam, René: *Propos d'amour des mystiques musulmans*, Paris, Éditions de L'Orante, 1960.

Massignon, L.: *La passion d'Al Hallay,* Paris, 1922.

Monteil, V.: *L'Islam,* Paris, Bloud & Gay, 1963.

As traduções dos poemas 'Vinho Místico", de Omar, filho de Al Farid, e de "Paciência" (anônimo) são de Ivo Palma.

Diante da riqueza da literatura religiosa dos orientais, fica-se impressionado pela pobreza dos textos religiosos da Grécia e de Roma. A literatura clássica é, em geral, fria e convencional. Encontra-se apenas alguma coisa digna de menção nos pré-socráticos e nas religiões populares mais do que nos poetas e prosadores do humanismo antigo.

Grécia:

Festugière, A.: *L'idéal religieux des grecs*, Paris, J. Gabalda, 1932.

L'enfant d'Agrigente, Paris, Éditions de Cerf, 1941.

La révélation d'Hermès Trismégiste, Paris, J. Gabalda, 1950-56 — 4 volumes.

Rohde, E.: *Psyché*, Paris, Payot, 1928.

Roma:

Basanof, V.: *Les dieux des ramains*, Paris, 1942.

Epicteto: *Meditações*, Livro I — c. 9 e 16.

Marco Aurélio: *Pensamentos*, livros V — 7 e IX-4.

Dumezil, G.: *Jupiter, Mars et Quirinus*. Paris, Galimard, 1941, além de uma série de estudos capitais sobre a mitologia etrusca e romana primitivas.

Grenier, A.: *Le génie romain dans la religion et dans l'art*. Paris, 1925.

Sobre os diversos livros do Novo Testamento, consultar as introduções da *Sainte Bible de Jérusalem*, Paris, Les Éditions du Cerf, 1950 e 1952, além da vasta bibliografia aí assinalada.

Sobre a "Oração do Cristo", ler:

Jeremias, Joachim: *Les paroles de Jésus*, Paris, Éditions de Cerf, 1963.

Sobre São Paulo, consultar:

Amiot, F.: *Les idées maîtresses de St. Paul*, Paris, Éditions du Cerf, 1962.

Daniel Rops: *Paul, conquérant du Christ*, Paris, Arthène Fayard, 1952.

Tresmontant, C.: *St. Paul et le mystère du Christ*, Paris, Éditions du Seuil, 1956.

Sobre a *Didaqué*, ler:

Audet, Jean-Paul: *La Didaché, Instructions des Apôtres*, Paris, Gabalda, 1958.

N. B. — Além das orações escolhidas, poder-se-iam destacar, na antigüidade cristã, trechos belíssimos de Santo Inácio de Antioquia, São Gregório de Nazianzo, Santo Efrém, Romano, o Melódio, etc.

Na Idade Média, mereceriam ser relembradas as orações de Santo Anselmo, São Boaventura, dos místicos vitorinos, cistercienses, franciscanos, dominicanos, os mistérios do teatro medieval, os escritos de Mestre Eckhart, Henri Suso, Santa Gertrudes, Gerson, Ruysbroeck, etc.

Na Renascença, haveria a citar Erasmo, Thomas Morus, Miguel Ângelo e tantos outros.

Entre os clássicos franceses: Corneille, Racine, Bossuet, Fenelon, Berulle, Chardon, etc., sem esquecer São Francisco de Sales.

Na Espanha: Santa Teresa de Ávila, Frei Luiz de León, Lope de Vega, Calderón de la Barca, etc.

Entre antigos e modernos,

na Inglaterra: Shakespeare, Milton, Eliot, Elizabeth Barrett Browning, etc.;

na Alemanha: Schiller, Novalis, Hölderlin, etc.;

na Itália: Manzoni, Silvio Pelico, etc.;

na França, entre os modernos: Baudelaire, Rimbaud, Aragon, Pierre Emmanuel e tantos outros;

em Portugal: Gil Vicente, Frei Luís de Sousa, Alexandre Herculano, Antero de Quental, Eugênio de Castro, Miguel Torga, Fernando Pessoa, etc.;

na Rússia: Gogol, Tolstói, Soloviev, Pushkine etc.;

no Brasil: Machado de Assis, Cruz e Sousa, Augusto dos Anjos, Manuel Bandeira, Guilherme de Almeida, Murilo Mendes, Tasso da Silveira, Cecília Meireles...

Deixamos de citá-los por absoluta falta de espaço.

Incluímos:

Agostinho, Santo: *Confissões*, Livros I e X.

Ambrósio, Santo: sem referências.

Anônimo espanhol: tradução de Manuel Bandeira.

Bernardo, São: *Tratado do Amor de Deus* — Patrologia Latina, tomo 182.

Bocage: *Antologia de Poetas Portugueses,* São Paulo, Ed. Logos, 1961.

Camões: *Lírica* — Paráfrase do Salmo 136.

Catarina de Sena, Santa: *Obras Completas*, carta nº 24 a Fra Tomaso della Fonte.

Dante Alighieri: *Divina Comédia*, "Paraíso", Canto, 24.

Darwin, Charles: Autobiografia (pp. 354, 356, 363).

Dionísio Areopagita: *Oeuvres completes du Pseudo-Denys l'Aréopagite,* Paris, Aubier, 1943.

Dostoiévski, F.: *Carnets des Démons,* Bibliothèque de la Pléiade, Tours, Mame, 1955, pp. 967/968.

Les Démons, idem, idem, pp. 716/717.

Einstein, Albert: *in* Lincoln Barnett, *O Universo e o Dr. Einstein,* São Paulo, Ed. Melhoramentos, 1942.

Francisco de Assis, São: *in* Gobry, I: *São Francisco de Assis,* Rio, Agir, 1959.

Goethe, W.: *in* Charles Du Bos: *La littérature, l'âme el la beauté,* Paris, Plon, 1945.

Herbert, George: considerado como um dos maiores místicos ingleses; após uma vida leviana, embrenhou-se na floresta, onde viveu longos anos, morrendo finalmente num convento.

João da Cruz, São: Obras completas, *A Noite Obscura.* Petrópolis, Ed. Vozes, 1960, vol. I, p. 289.

Cada estrofe deste cântico é longamente explicada em diversos capítulos de uma das obras do autor, que traz o mesmo título. Exprime em símbolos os diversos estados místicos da alma em busca de Deus.

Keats: *in* Charles Du Bos: *La littérature, l'âme et la beauté*, Paris, Plon, 1945.

Kierkegaard, Sören: "Discours chrétiens", *in* J. Colette, *La difficulté de croire*, Paris, Ed. du Cerf, 1963.

Lutero, Martinho: *La Liberdade do Cristão*, n.os 27-30.

Matos, Gregório de: *Antologia de Poetas Brasileiros*, São Paulo, Ed. Logos, 1961. O soneto em questão é considerado como o primeiro composto por autor brasileiro.

Newman, Cardeal: *Obras Completas*, Londres, Longmans, Green & C.º, 1947.

Nietzsche, Fr.: *Assim falava Zaratustra*, São Paulo, Ed. Cultura Moderna, s/d.

Pascal, Blaise: *Pensées*, Paris, J. Gabalda, 1927.

Savonarola: *Dernière méditation*. Paris, Egloff, 1947.

Shelley: *in* Charles Du Bos: *La littérature, l'âme et la beauté*, Paris, Plon, 1945.

Tomás de Aquino, Santo: *Prières*, Paris, Art Catholique, 1923.

Wust, Peter: *Gestalte und Gedanken*, 1940.

Abbé Pierre: um sermão.

Álvarez, D. Fuertes: *Mensageiro do Rosário*, 1953.

Andrade, Carlos Drummond de : in *Lição de Coisas*, 2ª ed., maio de 1965.

Anônimos: A oração sem nome é de um soldado desconhecido.

"Um Negro Banto Reza a Via-Sacra ao Seu Modo", *in* revista *Apostel der H. Hertzen*.

A oração de uma camponesa de Madagáscar, in *Limiar*, publicação do M. F. C. de 1964.

Os *negros spirituals*, canções dos escravos do Sul dos Estados Unidos, foram incluídos nesta coletânea dentro do século XX pela profunda aceitação que essa música encontrou entre os nossos contemporâneos, capazes de sentir a angústia e a mesma ânsia de libertação.

Daniel Rops: *Obras Completas, Missa Est*, Paris, Fayard, 1951.

Eliot, T. S.: *Crime na Catedral*, Rio de Janeiro, Ministério da Educação e Cultura, 1957.

Fellini, Federico: *Le Journal d'un Bidoniste*, Paris, Éditions du Cerf, 1956.

Gandhi: "Minha Vida e Experiências com a Verdade", Rio de Janeiro, Ed. de *O Cruzeiro*, 1965.

Guardini, Romano: *Lettres du Lac de Côme*, Paris, Éditions du Cerf, 1955.

Hammarskjöld, Dag: *Carnets Intimes*, in *Inform. Cat. Internat.*, fev., 1966, p. 26.

King, Martin Luther: *La force d'aimer*, Paris, Casterman, 1965.

Lagerkvist, Pär: *in* Jean Clarence Lambert, *La poésie suédoise contemporaine*, Paris, Falaize, 1956.

Claudel, Paul: *Via-Sacra*, Rio de Janeiro, Agir Editora, 1953.

Lebret, L. J. (dominicano): *Apelos ao Senhor,* São Paulo, Ed. Duas Cidades, 1963.

Lima, Jorge de: *Obra Poética*, Rio de Janeiro, Ed. Getúlio Costa, 1950.

Loew, Jacques (dominicano): Mensagem de Natal da Missão Operária St. Pierre et St. Paul, em França (inédito).

Malebranche, Salmon: in *Pensée Catholique*, nº 160.

Maritain, Raïssa: *Journal de Raïssa* publié par Jacques Maritain, Paris, Desclée, 1963.

Mistral, Gabriela: *Obras Completas.*

Pasternak, Boris: *Dr. Jivago*, Rio de Janeiro, Ed. Itatiaia, 1958.

Péguy, Charles: *Prières*, Paris, Gallimard, 1939.

Quoist, Michel: *Poemas Para Rezar*, São Paulo, Duas Cidades, 1958.

Rilke, Rainer Maria: *Les élegies de Duino el les sonnets à Orphée*, Paris, Aubier, 1943.

Saint-Exupéry, Antoine de: *La Citadelle*, Paris, Gallimard, 1948.

Schmidt, Augusto Frederico: *Poesias.*

Schweitzer, Albert: *in* "Um Pelicano Conta Sua Vida" (reportagem).

Senghor, L. S.: "Poésies" in *Poètes d'aujourd'hui*, Paris, Ed. P. Senghers, 1960.

Tagore: in *Introduction à Tagore*, de M. L. Gommès, Paris, 1947.

Teilhard de Chardin: *Oeuvres complètes,* Paris, Éditions du Seuil, 1962. *L'Hymne de l'Univers*, idem, idem.

Unamuno, Miguel de: *O Cristo de Velásquez.*

Von le Fort, Gertrud: *Hinos à Igreja.* Tradução de Tasso da Silveira, Bahia, 1958.

Weil, Simone: *La connaissance surnaturelle*, Paris, Gallimard, 1950 (pp. 48, 101 e 102).

Obs.: As traduções cujos autores não são mencionados são da responsabilidade dos selecionadores.

AS MAIS BELAS ORAÇÕES DE TODOS OS TEMPOS

Ficha Técnica do CD

Concepção e Produção Musical:	Carlos Vereza
Arranjos: Cordas e Piano	Carlos Tinguá
Tema (faixa 2): letra e música	Carlos Vereza
Tema (faixa 2): canto	Léa Fabres
Cello	Claudio Cepeda
Violão	Márcio Rocha
Flauta	Carlos Vereza
Som Incidental	Carlos Vereza
Vocal	Léa Fabres
Gravação, Mixagem e Masterização	Alexandre Frias